위│빠│사│나│문│고 옹달샘 5

좋은 일은 저절로
오지 않는다

묘원

행복한 숲

머 리 글

한 해가 가고 매일 하나씩 쓴 옹달샘 글 365개가 남
았습니다. 글을 살펴보니 내용이 무겁습니다. 그렇
지 않아도 세상살이가 어려운데 부담스러운 글을
보여드려서 죄송합니다. 삶이 간단치 않아 내용이
무거워졌나 봅니다.

생각해보면, 인간이 사는 것이란 먹고 입고 자는 것
이 전부입니다. 그러나 사람들은 기본적인 것보다
항상 더 많은 것을 바라기 때문에 괴로움이 그칠 날
이 없습니다. 그래서 이렇게 무거운 주제가 불가피
한 현실인지도 모르겠습니다.

이 글은 저 혼자만의 것이 아닙니다. 그간 많은 수
행자들과 교감하면서 쓴 글입니다. 수행자들과 대
화하면서 영감을 얻기도 하고, 스스로 어떻게 살아
가야 될 것인가에 대한 지침으로 쓰기도 했습니다.

이 글의 전반적인 내용은 감각적 욕망의 거친 물살을 거슬러 올라가는 방법입니다. 욕망의 물살을 타고 흘러가면 수월하겠지만 거슬러 올라가면 모든 것이 힘듭니다. 하지만 어려움을 감내하면 반드시 새로운 희망이 생길 것입니다. 욕망의 거친 물살을 거슬러가는 방법은 모두 위대한 스승의 가르침입니다. 그러므로 믿고 선택하시기 바랍니다.

아무리 좋은 법이 있어도 실천하지 않으면 쓸모가 없습니다. 법은 실천할 때만 법입니다. 본문에 같은 내용이 반복되더라도 버리지 말고 가까이 하시면 언젠가 진리를 발견하고 행복을 얻을 것입니다.

묘원 합장

옹달샘

1

●
●
●

겨울바람이 사라진 자리에 새싹이 돋는다

번뇌가 사라진 자리에 지혜가 난다.
탐욕, 성냄, 어리석음이 사라진 자리에 관용, 자애, 지혜가 난다.
소멸은 소멸로 그치지 않고 새로운 것을 채운다.
불선심이 소멸하면 그 자리에 선심이 생긴다.
선심이 소멸하면 그 자리에 불선심이 생긴다.
소멸도 바람직한 소멸이 있고 바람직하지 못한 소멸이 있다.
가장 이상적인 소멸은 원인이 사라져 결과가 없는 것이다.
모든 원인이 사라져 결과가 없는 자리에 궁극의 열반이 있다.

1

사랑이 없으면 사랑할 수 없다. 진실해야 진실하게 살 수 있다. 없는 것이 생기지 않는다. 종자가 있어야 발아가 된다.

2

아침에 잠자리에서 일어나면 밝은 태양과 아침을 맞이한 모든 생명들에게 '안녕'이라고 인사를 합니다. 마음이 즐겁거나 괴롭거나 상관없이 오늘 하루를 다시 살 수 있는 것은 기쁜 일이므로 감사한 마음으로 인사를 합니다. 인사한 마음을 알아차리고 조용히 아랫배로 가서 일어나고 꺼지는 움직임을 지켜봅니다. 이렇게 아침을 맞이하는 사람이 스스로 행복을 만듭니다. 행복은 자신이 만드는 것이지 누가 주지 않습니다. 하루의 아침이 모여 한 해가 됩니다. 한 해가 모여 일생이 됩니다. 하루의 아침이 행복하면 한 해가 행복합니다. 한 해가 행복하면 일생이 행복합니다. 일생의 행복은 아침에 맞이하는 한순간의 기쁜 마음에 있습니다

3

세간에서 감각적 욕망으로 사는 사람은 오직 욕망의 성취를 집착한다. 출세간에서 감각적 욕망을 여의고 사는 사람은 욕망을 여읜 것을 즐거움으로 안다. 세간의 정서로는 출세간의 정서를 이해하지 못한다. 모르면 바른 가르침이 있어도 배척한다. 바른 가르침을 따른다고 해도 자기 틀에 맞춘다. 자기 취향에 맞는다고 그것이 전부인 것처럼 여기면 어리석다. 자기 취향은 항상 자기 욕망을 충족시키는 것에 맞추어져 있다. 자기 취향이 아니더라도 있는 그대로의 것을 인정해야 지혜의 눈을 뜬다. 감각적 욕망은 반드시 고통이 따르며 괴로움뿐인 윤회를 한다. 감각적 욕망을 여읠 때만이 고통이 소멸되어 괴로움뿐인 윤회가 끝난다.

4

겉으로 드러난 것이 훌륭하다고 해서 모두 진실한 것이 아니다. 겉으로 드러난 결과만으로는 진실을 알 수 없다. 겉으로 드러난 것은 관념이고, 그 사실이 가지고 있는 진실이 실재다. 겉으로 드러난 것이 좋지 않더라도 내용이 좋으면 된다. 관념으로써의 겉모양이 좋고, 실재로써의 내용도 좋으면 더 바랄 것이 없다.

5

어리석은 사람은 모르면서도 안다고 한다. 지혜가 있는 사람은 모르면 모른다고 한다. 모르면서 안다고 하는 사람은 자기 자신에게 속고 산다. 모르면 모른다고 하는 사람은 자기 자신에게 속지 않고 산다. 모르면서 안다고 하는 사람은 앞으로 알 기회가 적다. 모르면 모른다고 하는 사람은 앞으로 알 기회가 많다.

6

사라진 것은 이미 소멸하고 없다. 다만 마음에 환영으로 남아 있을 뿐이다. 사라진 것을 집착하는 것은 자신의 기억을 집착하는 것이다. 사랑하는 사람을 보내고 슬퍼하는 것은 사랑하는 사람을 슬퍼하는 것이 아니다. 단지 자신의 기억을 슬퍼하는 것이다. 이미 떠난 사람을 그리워하는 것은 사랑하는 사람을 그리워하는 것이 아니다. 단지 자신이 기억하고 있는 느낌을 그리워하는 것이다. 이미 떠난 사람은 실재하지 않는다. 다만 기억이 떠난 사람을 붙잡고 있다. 그 기억을 붙잡게 하는 것이 느낌이다. 결국 자신의 느낌이 자신을 번뇌에 붙들어 맨다. 붙잡는 느낌이 아닌 단지 대상을 아는 느낌만 있을 때 괴로움으로부터 해방된다.

7

화를 내면 자신을 불태우고 다른 사람도 불타게 한다. 자애로우면 자신이 평화롭고 다른 사람도 평화롭게 한다.

8

겨울바람이 사라진 자리에 새싹이 돋는다. 번뇌가 사라진 자리에 지혜가 난다. 탐욕, 성냄, 어리석음이 사라진 자리에 관용, 자애, 지혜가 난다. 소멸은 소멸로 그치지 않고 새로운 것을 채운다. 불선심이 소멸하면 그 자리에 선심이 생긴다. 선심이 소멸하면 그 자리에 불선심이 생긴다. 소멸도 바람직한 소멸이 있고 바람직하지 못한 소멸이 있다. 가장 이상적인 소멸은 원인이 사라져 결과가 없는 것이다. 모든 원인이 사라져 결과가 없는 자리에 궁극의 열반이 있다.

9

미운 사람이 내는 소리는 시끄럽고, 사랑하는 사람
이 내는 소리는 즐겁다. 소리가 시끄럽고 즐거운 것
이 아니다. 내 마음이 미워하거나 사랑하는 것이다.
대상을 있는 그대로 알아차리면 그냥 사람이고 소
리일 뿐이다. 그냥 사람이고 소리일 때 번뇌에 물들
지 않는다.

10

바른 말이라고 해서 모든 사람이 환영하는 것은 아
니다. 바른 마음을 가진 사람이 바른 말을 환영한
다. 바른 정신을 가져야 바른 말에 즐거움을 느낀
다. 바르지 못한 마음을 가진 사람은 바른 말을 배
척한다. 바르지 못한 정신을 가지면 바른 말에 괴로
움을 느낀다. 자기 마음이 자기 세계를 만든다.

11

사람들은 모두 자기 나름대로의 과보를 받아서 산다. 그래서 어리석은 사람이 있고 지혜가 있는 사람이 있다. 어리석은 사람은 받아놓은 과보대로 살아 계속 괴로움에서 벗어나지 못한다. 지혜가 있는 사람은 새롭게 선한 행위를 해서 행복하게 산다. 사람으로 태어나서 바르게 노력하는 것만이 사람으로 태어난 사명을 다하는 것이다. 그러나 물질을 얻기 위한 노력에 그치면 완전한 행복을 누릴 수 없다. 마음을 평화롭게 하는 노력이 함께 있어야 진정한 행복을 얻을 수 있다. 마음을 평화롭게 하기 위해서는 무엇을 하거나 하고 있는 일을 알아차려야 한다. 걸을 때는 걷는 것을 알아차리고 앉을 때는 조용히 호흡을 알아차려야 한다.

12

남을 의식할 때는 오직 사랑하기 위해서 하라. 남을 사랑하는 마음이 있을 때라야 남과 공존할 수 있다. 남과 경쟁하기 위해서 남을 의식하지 마라. 남과 경쟁하려는 마음이 있을 때는 남과 공존할 수 없다. 서로가 공존할 때 평화가 있고 행복이 있다. 서로가 공존할 수 없을 때 다툼이 있고 불행이 있다. 모든 사람들은 각자의 길을 가고 있다. 내게는 나의 길이 있고 상대에게는 상대의 길이 있다. 내 길이 남의 길과 같지 않다고 우월감을 갖거나 좌절해서는 안 된다. 자신에게 주어진 길을 자신의 능력에 맞게 가는 것이 가장 성공적인 삶이다. 나의 향기가 남의 향기와 다르다고 해서 좌절하거나 우월하다고 자만해서는 안 된다.

대상을 있는 그대로 알아차리면 계행이 조촐하여 감각적 욕망이 일어나지 않는다. 감각적 욕망이 없을 때라야 행복하게 살 수 있다. 감각적 욕망의 힘으로 사는 사람은 알아차리기가 어렵고 알아차렸다고 해도 순간에 그친다. 누구에게나 알아차림은 부족하기 마련이다. 내가 바르게 알았다면 알아차리지 못한 것을 안 것이다. 만약 알아차리지 못한 것도 모르고 산다면 어떻게 살아야 할지를 모르는 사람이다. 알아차리는 것을 안 사람은 갈 길을 아는 사람이다. 알아차리는 것을 모르는 사람은 갈 길을 모르는 사람이다. 갈 길을 아는 사람은 알아차림을 잊지 않아 행복을 얻는다. 갈 길을 모르는 사람은 알아차리지 못해 불행하게 산다.

14

진리가 있어도 아는 자에게 진리다. 진리를 모르면
진리가 아니다. 진리를 알려고 하지 않는 자에게는
진리가 없다. 진리를 알려고 하는 자에게만 진리가
있다. 어리석은 자에게는 진리가 없다. 지혜로운 자
에게 진리가 있다.

15

서쪽 산 너머로 해가 진다. 지는 해가 어둠에게 자
리를 물려주면서 사라져야 하는 슬픔을 붉은 노을
로 물들인다. 불타는 하늘이 장엄하다. 한생을 마친
죽음도 이처럼 장엄할 수 있을까? 붓다와 벽지불과
아라한의 죽음만이 이렇게 장엄할 것이다.

16

모든 행위에 대한 결과는 행위를 한 자가 받는다.
다만 늦거나 빠른 시간의 차이가 있을 뿐이다. 모두
지은대로 받으니 남의 잘못을 단죄하지 마라. 남의
행위에 분노하는 것은 내가 할 일이 아니다.

17

욕망을 가지고 최고가 되려고 해서는 결코 최고가
될 수 없다. 멀리 있는 것만 보고 가다가는 돌 뿌리
에 차여 쓰러진다. 최고가 되려거든 현재의 한걸음
이 중요하다. 최고가 되려고 하지 말고 최선을 다하
도록 해야 한다. 주어진 상황을 있는 그대로 알아차
려서 받아들이는 것이 최선이다. 최선을 다할 때 자
연스럽게 최고가 될 수 있다. 완전한 선을 얻으려고
하면 결코 궁극의 선에 이를 수 없다. 현재를 알아
차리는 선행을 하면 자연스럽게 더 선한 경지에 이
른다. 그러면 언젠가 완전한 선에 이른다. 이것이
최선을 다한 최고의 경지다.

18

욕망을 충족시킨 행복보다 욕망을 여읜 행복이 더 고결하다.

19

나쁜 상대를 만났을 때 나쁘게 반응하면 자신에게 내재해 있는 나쁜 성향이 작용한다. 나쁜 상대를 만났어도 좋게 반응하면 자신에게 내재해 있는 좋은 성향이 작용한다. 나쁜 성향이 작용하면 더 나빠지고 좋은 성향이 작용하면 더 좋아진다. 이것이 순간의 윤회다. 한순간의 윤회가 일생의 윤회가 되고 일생의 윤회가 다음 생으로 상속된다. 수행자가 모든 것을 대상으로 알아차리면 나쁜 상대를 만났을 때 좋게 반응하며 좋은 상대를 만났을 때 더 좋게 반응한다. 이것이 자신을 이롭게 하고 나쁜 상대에게도 이로움을 주는 행위다.

20

오늘의 욕망이 내일의 괴로움이다. 오늘의 절제가
내일의 즐거움이다.

21

일어났으면 사라진다. 일어날만한 조건이 성숙되어
서 일어난 것을 원인으로 사라질만한 조건이 성숙
되어서 사라지는 결과가 있다. 사라짐이 있으면 새
로운 일어남이 있다. 사라짐은 사라지는 것에 그치
지 않고 다음에 일어나는 것의 원인이 되어 새로운
결과를 만든다. 생명은 이러한 과정으로 생성과 소
멸을 거듭한다. 사라지면서 원인을 만들지 않으면
새로운 결과가 없다. 새로운 일어남이 없으면 사라
질 요인도 소멸한다. 이것이 태어나고 죽는 것을 벗
어나는 길이다. 새로운 일어남의 원인은 욕망이다.
욕망이 소멸하면 새로 일어날 원인이 소멸하여 태
어나는 결과가 없다. 몸과 마음을 있는 그대로 알아
차리면 욕망이 소멸한다.

22

수행자가 대상을 알아차릴 때 있는 그대로 알아차리는 것이 바른 알아차림이다. 바른 알아차림을 하려면 내가 본다는 선입관 없이 온전하게 있는 그대로의 대상을 알아차려야 한다. 자아를 가지고 알아차리면 대상의 성품인 무상, 고, 무아를 알 수 없다. 똑같은 수행을 해도 자아를 가지고 수행을 하면 법을 알 수 없다. 자아를 갖지 않고 있는 그대로 알아차리는 수행을 해야 비로소 법을 알 수 있다. 하지만 처음에는 누구나 선입관을 가지고 보기 때문에 바르게 알아차리기가 어렵다. 그래서 자아가 강한 사람은 마음을 알아차리는 수행을 해서 마음이 자신의 마음이 아닌 단지 조건에 의해 일어나고 사라지는 마음이라고 알아야 한다.

23

좋은 일도 분수에 맞게 해야 끝까지 좋은 일이 된
다. 좋은 일도 욕망으로 하면 나중에 좋지 않은 일
이 된다. 좋은 일이라도 욕망으로 하면 자기가 친
덫에 걸려 바란 만큼 고통을 겪는다. 욕망을 부추기
는 것이 어리석음이다. 어리석음 뒤에는 반드시 자
아가 있어 이성적인 판단을 흐리게 한다. 몸과 마음
을 알아차리는 위빠사나 수행을 해서 무아를 알면
지혜가 나 욕망이 소멸한다. 좋은 일을 욕망으로 시
작하여 이미 좋지 않은 일이 되었다면 그 결과를 겸
허하게 받아들여야 한다. 그래야 같은 실수를 되풀
이 하지 않는다. 어리석다는 것은 같은 실수를 되풀
이 하는 것이다. 지혜가 있다는 것은 같은 실수를
되풀이 하지 않는 것이다.

24

수행을 해서 집중이 되면 여러 가지 좋은 현상이 나타난다. 이런 현상은 수행의 단계적 과정 중의 하나에 불과하다. 그러므로 어떤 현상이 나타나더라도 있는 그대로 알아차려야 한다. 좋은 현상이 나타났다고 해서 이것이 완전하게 자기 것이 된 것은 아니다. 이때 내가 좋아졌다고 생각하면 오히려 수행이 퇴보한다. 집중이 되어서 좋은 현상이 나타난 것은 수행이 발전한 것이다. 그러나 이런 상태에 만족하면 다음 단계의 지혜로 갈 수 없다. 수행 중에 나타나는 모든 현상을 하나의 대상으로 알아차리면 내가 있다는 잘못된 견해가 생기지 않아 무아의 지혜가 난다. 이런 지혜가 났을 때라야 비로소 좋은 현상이 자기 것이 된다.

25

수행을 할 때 믿음이 있으면 노력을 한다. 노력을 해야 알아차릴 수 있다. 알아차림이 지속되면 집중이 된다. 집중의 상태에서 지혜가 난다. 이상이 수행자가 가져야할 다섯 가지 근기의 조합이다. 알아차림은 계율을 지키는 행위다. 알아차리면 고요한 마음의 집중이 된다. 집중이 되면 지혜가 난다. 이것이 수행에서 필요한 팔정도며 계정혜다. 다섯 가지 근기로 팔정도를 실천하는 것이 위빠사나 수행이다. 수행을 해서 무상, 고, 무아를 아는 통찰지혜가 나면 열반을 성취한다. 열반을 성취하면 탐욕, 성냄, 어리석음의 번뇌가 소멸하여 다시 태어나는 윤회로부터 자유로워진다. 깨달음의 세계에서는 이것을 지고의 행복이라고 한다.

26

존재하는 것들은 모두 일어나서 사라진다. 모든 것
이 일어나서 사리지는 무상을 아는 것이 위빠사나
도다. 무상과 위빠사나 도가 함께 있을 때 바른 도
의 길로 들어선다. 무상을 안 뒤에 괴로움과 무아를
아는 것도 위빠사나 도다. 무상, 고, 무아를 알기 이
전에도 무상, 고, 무아는 있었지만 무상, 고, 무아를
알았을 때라야 비로소 위빠사나 도가 있다. 무상,
고, 무아가 있어도 모르면 위빠사나 도가 성립되지
않아 성스러운 도인 열반에 이를 수 없다. 성스러
운 도는 느낌에서 갈애로 넘어가지 않는 자리에 있
다. 이것이 붓다와 벽지불과 아라한과 모든 성자들
의 깨달음이다. 깨달음의 황금의자는 느낌과 갈애
가 끊어진 자리에 있다.

27

괴로워하기 때문에 괴롭다. 괴로워하지 않으면 괴롭지 않다. 욕망을 가지고 있기 때문에 괴롭다. 욕망을 버리면 괴롭지 않다. 자아를 가지고 있기 때문에 괴롭다. 자아를 버리면 괴롭지 않다. 괴로울 때는 괴로워하는 것을 알아차려야 한다. 그러면 괴롭지 않다. 그래도 괴로울 때는 욕망을 가지고 있는 것을 알아차려야 한다. 그러면 괴롭지 않다. 그래도 계속 괴로울 때는 자아를 가지고 있는 것을 알아차려야 한다. 그러면 내가 있다는 어리석음이 사라져 괴롭지 않다. 괴로움은 원인이 있어서 생긴 결과다. 괴로움의 원인이 소멸되어야 괴로움이 소멸한다. 괴로움이 소멸되어야 완전한 자유를 얻는다. 괴로움의 소멸이 깨달음의 완성이다.

28

나쁜 생각은 어리석음이고, 좋은 생각은 지혜다. 어리석음과 지혜는 한순간의 생각에서 나온다. 어리석음은 선하지 못한 마음이고, 지혜는 선한 마음이다. 선하지 못한 마음은 선하지 못한 행위를 해서 좋지 않은 과보를 받는다. 좋지 않은 과보로 인해 지옥, 축생, 아귀, 아수라로 태어나서 괴로운 삶을 산다. 모든 생명이 겪는 괴로움은 좋지 않은 과보를 받은 결과다. 선한 마음은 선한 행위를 해서 좋은 과보를 받는다. 좋은 과보로 인해 인간으로 태어나거나 천상에 태어나서 즐거운 삶을 산다. 또 깨달음을 얻는 수행을 해서 괴로움뿐인 윤회를 끝내는 계기를 만들기도 한다. 인간이 맞이하는 즐거움은 모두 선한 과보를 받은 결과다.

29

의도가 있는 행위를 업이라고 한다. 의도가 없는 행위는 업이라고 하지 않고 단지 행위라고 한다. 의도가 있는 행위는 그 행위에 따른 원인과 결과가 있다. 이것이 업의 과보다. 의도가 없는 행위는 그 행위에 따른 과보가 없다. 의도가 없는 행위이므로 단지 행위에 그친다. 살생은 다섯 가지 조건이 성숙되어야 과보를 받는다. 첫째, 살아있는 생명이 있는 것. 둘째, 살아있는 생명이 있다고 아는 것. 셋째, 살아있는 생명을 죽이려는 의도를 갖는 것. 넷째, 살아있는 생명을 죽이는 것. 다섯째, 살아있는 생명이 죽는 것. 이렇듯 어떤 조건하에서 행위를 했는가에 따라 과보가 결정된다. 모든 행위는 행위 자체로만 평가해서는 안 된다.

옹달샘

2

●

●

●

남으로부터 칭찬을 받을 때

평정심을 유지할 수 있어야
남으로부터 비난을 받을 때 평정심을 유지할 수 있다.
칭찬에 취하면 비난에 괴롭다.

30

나를 구원할 수 있는 사람은 나밖에 없다. 감각적 욕망을 극복해야 구원 받는다. 감각적 욕망은 여섯 가지 감각기관이 감각대상과 접촉했을 때 일어나는 느낌으로부터 온다. 감각적 욕망을 극복하기 위해서는 느낌이 일어났을 때 단지 느낌으로 알아차려야 한다. 느낌이 일어났을 때 좋거나 싫은 느낌으로 반응하면 욕망이 생겨 자신을 구원할 수 없다.

31

보이는 물질만 변하는 것이 아니다. 변하는 물질을 보는 마음도 매순간 변한다. 모든 것이 변하기 때문에 항상 하는 것은 없다. 이 세상에 절대적인 것은 없고 조건에 의해 변하는 무상만 있다. 무상해서 괴롭지만 무상하기 때문에 집착할 것이 없다. 집착할 것이 없어 행복하다.

32

모르는 자는 모르는 것이 병이다. 아는 자는 아는 것이 병이다. 모르는 자는 어리석은 병에 걸려 자신이 모르는지도 모르며 알려고 하지 않는다. 아는 자는 잘못 아는 병에 걸려 자신이 잘못알고도 아는 것처럼 생각하고 고치려고 하지 않는다. 바르게 알아 병들지 않으려면 대상을 있는 그대로 알아차려서 선입관 없이 보아야 한다.

33

괴로움에서 벗어나려면 주어진 상황을 있는 그대로 받아들여라. 받아들이는 것이 관용이고 받아들이지 못하는 것이 성냄이다. 관용은 특별한 것이 아니다. 탐욕을 알아차려서 욕망이 사라지는 것이 관용이다. 성냄을 알아차려서 미움이 사라지는 것이 관용이다. 어리석음을 알아차려서 무지가 사라지는 것이 관용이다. 선하지 못한 마음을 알아차려서 번뇌가 사라지는 것이 관용이다.

34

행복과 불행은 느낌이다. 느낌은 감각기관이 느끼는 것이고 일어난 순간에 사라진다. 느낌은 있지만 느낌을 소유하는 자아는 없다. 그러므로 행복과 불행은 있지만 행복하거나 불행한 자는 없다. 감각기관이 감각대상과 접촉해서 행복하거나 불행한 느낌이 일어나는 것을 마음이 안다. 이러한 조건에 의해서 일어나는 느낌과 이것을 아는 마음은 나의 것이 아니다. 여기에는 감각기관이나 감각대상이나 느낌이나 아는 마음만 있지 이것을 소유하는 자아는 없다. 이처럼 조건에 의해 일어난 것은 조건에 의해 소멸한다. 그러므로 행복도 영원한 것이 아니고 불행도 영원한 것이 아니다. 단지 바람처럼 스쳐가는 순간순간의 연속만 있다.

35

남으로부터 칭찬을 받을 때 평정심을 유지할 수 있어야 남으로부터 비난을 받을 때 평정심을 유지할 수 있다. 칭찬에 취하면 비난에 괴롭다.

36

모든 것은 일어나서 사라진다. 일어나는 과정이 성숙이고 사라지는 과정이 쇠퇴다. 성숙의 과정을 정점으로 어느 순간부터는 쇠퇴하는 과정을 거쳐 결국에는 소멸한다. 그러나 성숙의 과정에서도 작은 일어남과 사라짐이 있다. 쇠퇴의 과정에서도 작은 일어남과 사라짐이 있다. 모든 것은 작은 변화 속에서 하나의 큰 변화를 맞이하여 소멸한다. 인간이 태어나서 죽는 것도 순간의 윤회를 거듭하다 결국에는 일생의 윤회를 맞이한다. 모든 것이 변하는 속도는 똑 같다. 그러나 어려서 성장하는 속도는 더디어 보이고 늙어서 쇠퇴하는 속도는 빠르게 느껴진다. 같은 변화라도 죽을 날이 가까워지는 것이 싫어서 빠르게 느끼는 것은 아닐까?

37

아침에 잠자리에서 일어날 때 괴로우면 평상시에도 괴로움으로 산다. 이런 사람은 잠자기 전에도 평온하지 못하며 잠을 잘 때도 불안한 마음으로 잔다. 누구나 괴롭게 살지만 괴로움의 정도가 심하면 몸과 마음의 병을 앓는다. 불안할 때는 불안한 마음을 알아차리고 조용히 몸으로 와서 일어나고 꺼지는 호흡을 알아차려야 한다. 괴로움이나 불안한 마음은 원인이 있어서 생긴 결과다. 이때는 불안한 마음을 알아차리고 불안한 마음으로 인해 반응한 몸을 알아차려야 한다. 불안한 마음을 없애기 위해서 알아차려서는 안 된다. 단지 나타난 대상이라서 알아차려야 한다. 그래야 일상의 괴로움에서 벗어날 수 있는 기회가 많아진다.

38

괴로움의 바다를 건너 피안으로 가기 위해서는 몸
과 마음이란 배를 타고 알아차림이란 노를 저어가
야 한다.

39

자신에 대한 진실을 알기 위해서는 두 가지 접근방
법이 필요하다. 첫째, 자신의 몸과 마음을 대상으
로 알아차려야 한다. 몸과 마음을 알아차릴 때는 대
상을 분리해서 알아차려야 한다. 그리고 몸과 마음
의 느낌을 알아차려야 한다. 몸과 마음의 느낌을 알
아차릴 때만이 관념이 아닌 실재를 알아 무상과 괴
로움과 무아를 알 수 있다. 둘째, 많은 생명들 중의
하나의 개체에 불과한 자신을 알아차려야 한다. 내
가 있어서 세상이 있지만 또 다른 측면으로 보면 세
상 속에 하나의 구성원으로서의 자신이 있다는 것
을 알아야 한다. 자신의 감각기관이 있어 세상이 있
는 것으로 알 때 잘못하면 자기중심에 빠져 아만심
이 생길 위험이 있다.

40

화를 내면 몸이 굳어지고 마음이 잔인해진다. 사랑하면 몸이 부드러워지고 마음이 너그러워진다. 화를 내면 인색해지고 사랑하면 넉넉해진다. 화는 욕망 때문에 생기고 사랑은 관용이 있어서 생긴다. 화는 선하지 못한 마음이고 사랑은 선한 마음이다. 화를 낼 때는 사랑이 없고 사랑할 때는 화가 없다. 화를 내면 몸과 마음을 메마른 사막으로 바꾼다. 사랑하면 몸과 마음을 풍요한 들판으로 바꾼다.

41

법은 알아차릴 대상으로 있는 그대로의 사실이다. 있는 그대로의 사실은 항상 와서 보라고 나타났다. 법은 항상 거기에 있지만 알아차릴 때만이 비로소 법이다. 나타난 대상을 있는 그대로 알아차리면 진리의 법이 드러난다. 진리의 법인 무상, 고, 무아를 알면 자아가 소멸하며 다른 잘못된 견해도 함께 소멸한다. 법을 알아차려서 잘못된 견해가 소멸하면 어둠에서 밝음으로 나온다. 법은 발견한자를 보호하고 자유를 얻게 한다. 그래서 법을 발견한 자는 괴로움에 빠지지 않고 행복을 얻는다.

42

세속에서는 다양한 견해가 있기 마련이다. 그래서 갈등과 대립이 존재할 수밖에 없다. 양 극단으로 치닫는 상반된 견해를 하나로 봉합하기는 어렵다. 그러므로 상반된 견해에서 무리하게 답을 얻으려 해서는 안 된다. 서로 다른 견해가 있을 때는 있는 그대로 알아차려야 한다. 이것이 문제를 해결하는 출세간의 방법이다. 있는 그대로 알아차리면 순수한 지각이 일어나 대상을 탐욕, 성냄, 어리석음 없이 볼 수 있다. 그래서 번뇌가 배제되고 사랑과 평화로운 시각이 생긴다. 이것이 출세간을 지향하는 중도적 견해다. 자신의 견해가 바르면 이기심과 악한 의도가 사라진다. 문제는 항상 대상에 있지 않고 대상을 보는 자신의 견해에 있다.

43

모든 존재는 똑같지도 않고, 그렇다고 다르지도 않다. 모든 존재는 이질적인 요소와 동질적인 요소를 함께 가지고 있다. 이질적인 요소도 알아차릴 대상이라서 법이고, 동질적인 요소도 알아차릴 대상이라서 법이다. 이질적인 요소도 알아차려서 배척하지 말고, 동질적인 요소도 알아차려서 집착하지 말아야 한다.

44

세속에서 명절이 되면 고향에 가거나 부모님을 찾는다. 출세간의 고향은 자신의 몸과 마음이다. 세속의 명절은 때가 되면 오지만 출세간의 명절은 매순간마다 온다. 수행자가 자신의 몸과 마음을 알아차리면 밖으로 나간 마음을 고향으로 돌아오게 한다. 명절에 고향으로 가는 길이 어렵듯이 자신의 몸과 마음으로 돌아오는 길은 더 어렵다. 자신의 몸과 마음을 알아차리는 길은 가장 가까우면서 가장 멀다. 가장 먼 길을 가깝게 만드는 것이 수행이다. 가장 먼 길이 가까울 때 항상 본연의 삶으로 돌아온다.

45

끈질긴 괴로움은 과거의 원인으로부터 온다. 과거의 원인으로 현재가 괴로우면 미래에도 괴로움이 지속된다. 괴롭다는 것은 이러한 흐름이 일상화된 것이다. 끈질긴 괴로움을 제거하려면 괴로워하는 현재의 마음을 알아차려야 한다. 그리고 이런 마음으로 인해서 생긴 몸의 느낌을 알아차려야 한다. 과거로 인해 생긴 현재의 괴로움을 알아차리지 못하면 이 괴로움이 그대로 상속된다. 그래서 미래의 결과가 되어 괴로움에서 벗어나지 못한다. 과거의 원인은 바꿀 수 없다. 그러나 현재의 괴로움을 알아차리면 과거의 원인이 소멸된다. 그러면 괴롭지 않은 새로운 원인이 생겨 현재도 괴롭지 않고 미래에도 괴로움에서 벗어날 수 있다.

46

바른 법이란 어떤 대상이나 있는 그대로 알아차리는 것이다. 그래서 바른 법은 논쟁의 대상이 아니다. 바른 법이라도 논쟁을 하면 바른 법이 못된다. 논쟁은 있는 그대로 보는 것과는 다른 길이다. 논쟁은 옳고 그름을 따지기 때문에 있는 그대로 알아차리는 것이 아니다. 바른 법을 위해 옳고 그름을 따지면 바른 법을 집착하고 바르지 못한 법을 배척한다. 이것은 수행자가 대상을 알아차리는 기본적인 자세가 아니다. 바른 법에 대해서 논쟁을 할 때는 바른 법도 버려야 하므로 오직 침묵해야 한다. 어떤 선입관도 없이 바라거나 없애려고 하지 않고 있는 그대로 알아차려야 대상이 가지고 있는 고유한 성품을 보는 통찰지혜가 생긴다.

47

수행은 마음을 계발하는 행위다. 경험하지 않은 정신세계를 계발하려면 반드시 스승이 필요하다. 스승 없이 수행을 할 수 있는 사람은 오직 붓다밖에 없다. 새로운 정신세계는 가기도 어렵지만 간다고 해도 바른지 확신할 수 없다. 그렇다고 스승이 모든 것을 해결해 주지는 않는다. 스승의 가르침은 단지 바른 길잡이의 역할에 그친다. 수행자는 훌륭한 스승만 찾아다니지 말고 훌륭한 제자가 되도록 노력해야 한다. 훌륭한 스승이 있어도 수행자의 자세가 바르지 못하면 결코 법을 섭렵하지 못한다. 수행자가 스승의 가르침대로 바르게 실천할 때만이 목적지에 이를 수 있다. 수행은 스승과 수행자의 역할이 서로 조화를 이루어야 한다.

48

내 마음이 편안하면 자신이나 남의 일에 대해 관대해진다. 내 마음이 편치 못하면 자신이나 남의 허물만 보이고 비판적이다. 내 마음이 편치 못한 것은 욕망 때문이며 과거에 행한 어리석은 일들에 대한 결과 때문이다. 내 마음이 편한 것도 자신이 만든 결과고 편치 못한 것도 자신이 만든 결과다. 내 마음을 편안하게 하기 위해서는 어떤 마음이거나 있는 그대로 알아차려야 한다. 자신이 원하는 결과를 얻기 위해 알아차려서는 안 되고 단지 그런 마음이 있기 때문에 알아차려야 한다. 바라거나 없애려는 마음 없이 알아차려야 편안한 마음을 가질 수 있다. 내 마음이 고요해질 때 지혜가 나서 모든 번뇌를 여의고 행복하게 살 수 있다.

선한 행위는 선한 과보를 받아 행복하다. 선하지 못한 행위는 선하지 못한 과보를 받아 불행하다. 선한 행위를 했다고 해서 불행이 오지 않는 것이 아니다. 불행은 선한 행위와 상관없이 다른 조건이 성숙되어서 온다. 선행을 한 과보는 불행이 닥쳤을 때 괴로움을 이겨내는 힘으로 나타나기도 하고 미래에 좋은 결과로도 나타난다. 오늘 내가 한 선한 행위와 오늘 내가 겪는 불행은 다른 것으로 서로 섞이지 않는다. 오늘 내가 선행을 했는데 왜 이런 불행이 오는가라고 생각하면 바라는 마음으로 행위를 한 것이라서 완전한 선행이 아니다. 오늘 내가 겪는 불행은 과거의 원인으로 인해 나타난 결과이므로 겸허하게 받아들여야 한다.

50

어리석으면 생각이 터무니없고, 말을 과장하고, 행동을 절제하지 못한다. 어리석음으로 인해 괴로움을 겪고 끝없는 윤회를 한다. 어리석지 않으려면 생각할 때 알아차리고, 말할 때 알아차리고, 행동할 때 알아차려야 한다. 알아차려서 지혜가 생기면 바른 생각을 하고, 바른 말을 하며, 바른 행동을 한다. 알아차림으로써만이 몸과 마음을 청정하게 하여 자신을 보호할 수 있다.

51

인간은 어디서 와서 어디로 가는 것이 아니다. 과거의 원인으로 현재의 결과로 태어났다. 다시 현재의 원인으로 미래의 결과로 간다. 인간은 태어날 조건에 의해 태어나서 죽을 조건에 의해 죽는다. 마치 성냥으로 불을 켜듯이 태어나고 불이 꺼지듯이 죽는다. 성냥으로 켠 불은 어디서 온 것이 아니며 꺼진 불이 어디로 간 것이 아니다. 다만 조건에 의해 켜지고 조건에 의해 사라진다. 범부는 조건에 의해 태어나서 조건에 의해 죽는다. 아라한은 조건이 소멸하여 다시 태어나지 않아 죽음이 없다.

52

선한 행위를 하면 선한 과보를 받는다. 선한 행위를
하고 자신이 한 일을 과시하거나 후회하면 선과보
도 받지만 불선과보도 받는다. 남에게 보시를 많이
하면 언젠가는 부자가 된다. 그러나 보시한 것을 과
시하면 부자가 되어도 비난을 받는다. 그리고 보시
를 한 것을 후회하면 부자가 되어도 인색하게 산다.
선한 행위를 하고 아무 것도 바라지 않을 때라야 완
전히 선한 행위다. 바람이 없는 선행일 때만이 역과
보가 없이 오직 선과보만 있다. 좋은 일에 나쁜 결
과가 없도록 하려면 무슨 일이나 욕망으로 하지 말
아야 한다.

53

과거의 마음이 원인이 되어 현재의 마음이란 결과가 있다. 사람이 세상을 산다는 것은 이처럼 과거의 마음이 현재의 마음으로 상속되는 과정의 연속이다. 이러한 원인과 결과로 인해 자신의 의도대로 살아가기가 어렵다. 하지만 수행자는 현재의 마음을 알아차려서 새로운 원인을 만든다. 그러면 과거와 단절되고 새로운 현재가 만들어진다. 이렇게 만들어진 현재가 다시 미래를 만든다. 어리석은 사람은 선하지 못한 마음이 상속되고, 지혜가 있는 사람은 선한 마음이 상속된다. 위빠사나 수행을 해서 무상, 고, 무아를 알면 모든 욕망이 사라진다. 욕망이 사라지고 단지 작용만 하는 마음이 있어야 모든 번뇌가 소멸하여 행복을 얻는다.

54

조금 전의 몸과 마음과 현재의 몸과 마음은 같지 않다. 현재의 몸과 마음과 조금 후의 몸과 마음은 같지 않다. 모든 것은 변하기 때문이다. 조금 전의 몸과 마음과 현재의 몸과 마음은 다르지 않다. 현재의 몸과 마음과 조금 후의 몸과 마음은 다르지 않다. 모든 것은 원인이 결과로 상속되기 때문이다. 모든 생명은 같지도 않고, 그렇다고 전혀 다르지도 않은 변화의 연속성을 가지고 흐른다. 이것이 순간의 윤회다. 순간의 윤회가 흘러 일생의 윤회가 된다. 여기에 자아는 없고 단지 원인과 결과만 있다. 몸과 마음이 같지 않은 것은 모든 것이 일어났다가 사라지기 때문이다. 몸과 마음이 같은 것은 원인과 결과로 상속되기 때문이다.

55

세간에서는 오랜 된 유물을 소중하게 여겨 국보로
지정하거나 개인의 소장품으로 삼는다. 출세간에서
는 이천 오백년 전에 가르침을 펴신 붓다의 법을 소
중한 자산으로 삼는다. 몇 백 년 전의 유물만 소중
하게 여기고 이천 오백년 전에 밝혀진 붓다의 가르
침을 모르면 세간의 마음이다. 오래된 물질도 소중
하겠지만 바른 가르침인 정신적 유산은 더 소중하
다. 재산이 많아서 부유하다고 해도 정신이 빈곤하
면 가난하다. 성자들이 말씀하신 정신적 유산을 계
승하는 일이 가장 부자로 사는 길이다. 눈에 보이는
것만이 자산이 아니다. 눈에 보이지 않는 정신이 진
정한 자산이다. 물질은 언젠가 사라지지만 지혜는
마르지 않는 샘물과 같다.

56

무슨 일이나 최선을 다하되 결과는 겸허하게 받아
들여야 한다. 최선을 다하려면 노력을 해야 하고 지
혜가 있어야 한다. 결과를 받아들이는 것도 노력이
필요하고 지혜가 있어야 한다. 최선을 다해야 후회
하지 않으며 결과를 받아들여야 괴롭지 않다. 최선
을 다했다고 반드시 좋은 결과만 있는 것은 아니다.
결과는 여러 가지 조건에 의해 나타나므로 나의 의
지와 상관없이 결정된다. 내가 할 수 있는 일은 오
직 최선을 다하는 것이다. 결과는 내가 결정하는 것
이 아니므로 초연하게 받아들여야 한다. 최선을 다
하되 할일만 열심히 하는 것으로 그쳐서는 안 된다.
어떤 결과가 되었거나 기꺼이 받아들이는 노력까지
최선을 다해야 한다.

괴로움은 한순간의 생각으로 시작된다. 생각이 또 생각을 거듭하면서 한순간의 괴로움이 걷잡을 수 없이 커진다. 한순간의 생각을 알아차리지 못하면 분노가 커져 감당하기 힘든 괴로움에 빠진다. 한순간의 괴로움이 있으면 괴로움과 맞서지 말고 가슴으로 와서 괴로움으로 인해서 생긴 거친 호흡과 느낌을 알아차려야 한다. 이것이 괴로움을 있는 그대로 받아들여서 소멸시키는 최선의 방법이다. 괴로움을 겪고 있는 자신의 몸과 마음이 바로 괴로움의 피난처다. 괴로움의 피난처는 다른 곳에 있지 않고 항상 자신의 몸과 마음에 있다. 한순간의 생각으로 자기 생명을 포기할 수도 있고, 한순간의 알아차림으로 자신을 구원할 수도 있다.

58

하고 싶은 일만 하면서 살 수 없다. 하기 싫은 일도
해야 한다. 그래서 세상을 사는 것이 즐거움도 있
지만 괴로움도 있다. 즐거운 일만 추구하면 욕망으
로 살아 불행하고, 괴로움을 극복하면 절제로 살아
행복하다. 하지 말아야 할 일이라면 즐거워도 해서
는 안 된다. 해야 할 일이라면 싫어도 해야 한다. 하
고 싶은 일을 해서 즐거움을 얻지만 하지 않아서 얻
는 즐거움은 더 크다. 욕망을 여읜 자기 절제가 있
기 때문이다. 어리석으면 해서는 안 되는 일을 하여
괴로움을 자초한다. 지혜가 있으면 해야 할 일을 하
여 즐거움을 얻는다. 알아차리면서 하면 어리석은
일을 지혜롭게 하고, 지혜롭게 하는 일에는 더 높은
지혜를 얻도록 한다.

옹달샘

3

○

○

○

사랑할 때는 폭력적인 마음이 사라진다

사랑을 집착하면 분노로 바뀌어 폭력적인 마음이 생긴다.
사랑은 병을 치유하지만 병이 생기게도 한다.
사랑은 희망과 절망의 두 가지 모습을 가졌다.

59

그림을 그리려면 빈 종이가 필요하다. 물건을 집으려면 빈손이어야 한다. 지혜를 얻으려면 청정한 마음이어야 한다.

60

서로가 아는 사람이라고 해서 집착하지 말아야 한다. 내가 상대를 안다고 해도 상대의 기억에는 내가 없을 수 있다. 아는 사람이라고 할지라도 현재 만났을 때라야 아는 사람이다. 그러므로 만나지 않으면 모르는 사람이다. 만났을 때도 상대의 마음을 모르는데 만나지 않았을 때의 상대의 마음을 어찌 알겠는가? 그래서 과거에 만났더라도 현재 만나지 않으면 모르는 사람으로 여겨야 한다. 아는 사람도 집착하지 말아야 하거늘 하물며 모르는 사람을 기억하여 집착할 필요는 없다. 헤어진 많은 사람들을 모두 아는 사람으로 묶어두면 불필요한 기억들로 인해 괴로움을 겪는다. 과거에 만났던 모든 사람들을 모르는 사람으로 지워야 한다.

61

좋은 일은 저절로 오지 않는다. 좋은 일은 노력을 해서 생긴 결과다. 좋은 일은 저절로 머물지 않는다. 좋은 일을 지속시킬만한 노력을 해서 지속된다. 나쁜 일은 저절로 오지 않는다. 나쁜 일은 노력을 해서 생긴 결과다. 나쁜 일은 저절로 머물지 않는다. 나쁜 일을 지속시킬만한 노력을 해서 지속된다. 좋은 일이나 나쁜 일이나 모두 노력해서 주어진 결과다. 좋은 일은 바른 노력이고, 나쁜 일은 바르지 못한 노력이다. 지혜가 있으면 바른 노력을 하여 선한 사람이 된다. 어리석으면 바르지 못한 노력을 하여 선하지 못한 사람이 된다. 알아차리면 바른 노력을 하여 행복하고, 알아차리지 못하면 바르지 못한 노력을 하여 불행하다.

62

괴로울 때는 이 괴로움이 오히려 약이라고 알아차려서 극복해야 한다. 견디기 힘든 괴로움일 때는 이 괴로움이 죽는 것보다 낫다고 알아차려서 극복해야 한다. 죽고 싶은 괴로움일 때는 이렇게 죽을 수는 없다고 알아차려서 극복해야 한다. 모든 일에는 자신이 겪고 있는 것 너머에 다른 출구가 있다. 그러므로 자신이 처한 상황으로만 판단하고 결론을 내려서는 안 된다. 사는 것이 죽는 것보다는 낫다. 죽는다고 괴로움이 끝나는 것이 아니다. 스스로 죽음을 선택하면 다음 생에 오히려 더 가혹한 괴로움이 기다리고 있다. 지금은 인간이기 때문에 괴로움을 극복할 기회가 있지만 스스로 선택한 죽음 뒤에는 괴로움을 극복할 기회가 없다.

대상을 알아차릴 때 처음에는 정확하게 겨냥하는
노력을 해야 한다. 다음에는 대상에 확실하게 머무
는 노력을 해야 한다. 겨냥한 다음에 머무는 노력을
함께 할 때만이 적절한 노력의 효과가 생긴다. 알
아차림으로 대상을 겨냥하고 대상에 지속적으로 머
물면 노력과 알아차림과 집중이라는 수행의 세 가
지 조건이 성숙되어 바른 수행을 할 수 있다. 노력
을 할 때는 지나치지도 부족하지도 않게 적절하게
해야 한다. 노력이 지나치면 들떠서 대상을 겨냥할
수가 없다. 노력이 부족하면 나태해져서 졸음에 떨
어지거나 대상을 겨냥할 수도 없고 머물 수도 없다.
지나치거나 부족하지도 않은 노력은 현악기 줄처럼
알맞게 조율되어야 한다.

64

의도가 있는 행위를 업이라고 한다. 업은 적절한 조건이 성숙되면 결과로 나타난다. 이러한 업은 몸과 마음에 저장되어 있지 않다. 마치 사과나무에 사과가 저장되어있지 않은 것과 같다. 하지만 조건이 성숙되면 사과나무에서 사과라는 열매가 열리는 것처럼 적절한 때가 되면 업의 결과물이 나타난다. 불이 켜지는 것도 적절한 조건이 성숙되어서 생긴 업의 결과물이다. 조건에 의해 생긴 불이 어느 장소에 있던 것이 아니다. 바람이 부는 것도 적절한 조건이 성숙되어서 생긴 업의 결과물이다. 조건에 의해 생긴 바람이 어느 장소에 있었던 것이 아니다. 인간이 가지고 있는 저마다의 성격이나 특별한 능력도 업의 결과물로 나타난다.

65

어린이에게서는 희망을 보라. 젊은이에게서는 열정을 보라. 노인에게서는 지혜를 보라.

66

수행자가 처음부터 큰 뜻을 세우고 수행을 하지는 않는다. 누구나 아라한이 되어 깨달음을 얻는다는 생각 없이 단순한 동기로 수행을 시작한다. 왜냐하면 아직 깨달음의 정신세계에 대해 알 수 없기 때문이다. 하지만 처음 시작하는 수행자의 소박한 꿈이나 아라한이 되어 깨달음을 얻는 것이 다른 길이 아니다. 아라한도 처음에 수행을 시작하는 사람과 똑같은 마음으로 똑 같은 대상을 알아차려서 깨달음에 이르렀다. 처음 시작하는 수행자도 자신의 몸에서 일어나고 꺼지는 호흡을 알아차린다. 아라한도 똑 같이 자신의 몸에서 일어나고 꺼지는 호흡을 알아차린다. 다만 같은 대상을 알아차려서 얻는 지혜의 크고 작음이 다를 뿐이다.

67

탐욕이 있으면 관용이 없고, 성냄이 있으면 자애가 없고, 어리석음이 있으면 지혜가 없다. 탐욕을 버리면 관용이 생기고, 성냄을 버리면 자애가 생기고, 어리석음을 버리면 지혜가 생긴다. 없어야 할 것이 있으면 불행하고, 있어야 할 것이 있으면 행복하다.

68

자신의 습관이 생각을 이끈다. 매사를 비판적으로 보는 사람은 비판적인 습관을 가진 사람이다. 매사를 긍정적으로 보는 사람은 긍정적인 습관을 가진 사람이다. 습관은 어제 오늘 생긴 것이 아닌 과보심이라서 바꾸기 힘들다. 그렇다고 과보심이라고 해서 습관대로 살아서는 안 된다. 좋은 습관은 선과보라서 그대로 유지해야 한다. 나쁜 습관은 불선과보라서 개선해야 한다. 나쁜 습관을 개선하기 위해서는 먼저 나쁜 습관인 것을 알아차려야 한다. 나쁜 습관은 지속적인 알아차림에 의해서만이 개선될 여지가 있다. 또 무엇이 이익인지 알아야 한다. 이익을 생각할 때는 물질적 것만 생각하지 말고 정신적 이익을 생각해야 한다.

69

사랑할 때는 폭력적인 마음이 사라진다. 사랑을 집착하면 분노로 바뀌어 폭력적인 마음이 생긴다. 사랑은 병을 치유하지만 병이 생기게도 한다. 사랑은 희망과 절망의 두 가지 모습을 가졌다.

70

세간에서는 오직 자신의 이익에 따라 움직이기 때문에 냉혹하다. 자신의 이익만 추구하는 세계에서는 언제나 불화가 끊이지 않는다. 설령 화합을 한다고 해도 상황에 따라 변하기 때문에 일시적인 미봉책에 불과하다. 세간은 도덕적 규범이 확립되지 않아 범부의 세계라고 한다. 출세간에서는 오직 자신의 이익만을 위해 움직이지 않기 때문에 관대함과 사랑이 있다. 출세간은 자신의 이익은 물론 타인의 이익을 위해 함께 배려한다. 출세간의 화합은 지혜로 결속되어서 흐트러짐이 없다. 출세간은 도덕적 규범과 지혜가 확립되어 성자의 세계라고 한다. 자기 인생을 범부로 살 것인가, 아니면 성자로 살 것인가를 결정하는 것이 수행이다.

71

늘 해오던 일이 어느 순간에 생각나지 않고 낯설게 느껴지는 것이 무상이고, 괴로움이고, 무아다.

72

누군가가 자신을 비난할 때 그 말로 인해 자신이 더 렵혀져서는 안 된다. 상대의 말을 같은 어조로 비난하면 자신도 상대와 다를 것이 없다. 몰라서 그렇게 말하는 상대에게 연민의 정을 가질 때 자신의 평화는 물론 상대에게도 평화를 줄 수 있다. 이기적인 마음에는 이타적인 마음으로 대하고, 분노에는 사랑으로 대하고, 어리석음에는 지혜로 대해야 한다.

73

부처의 힘은 부처라는 존재에서 나오지 않는다. 부처의 힘은 오직 부처의 가르침에서 나온다. 불상은 가르침을 기억하는 상징적 표상이다.

74

정신과 물질은 연속되는 순간들 속에서 오직 한순간만 실재한다. 조금 전의 정신과 물질이 현재의 정신과 물질과 같지 않다. 현재의 정신과 물질이 지금 이후의 정신과 물질과 같지 않다. 이처럼 정신과 물질은 매순간 일어났다가 사라지면서 연속된다. 그러나 실재하는 진실은 현재의 한순간에 있다. 다음 순간은 앞서 있던 순간과 전혀 다른 새로운 세계다. 수행자는 자신의 정신과 물질을 알아차려서 현재의 한순간에 고정해야 한다. 모든 순간은 연속되지만 자신의 마음이 현재에 고정되면 많은 순간들이 모두 한순간으로 귀결된다. 이와 같은 현재의 한순간에 정신과 물질이 가지고 있는 진실이 있어 궁극의 법을 발견한다.

75

아무리 큰 즐거움이라도 일어나서 사라지는 무상의
법 안에 있다. 아무리 큰 괴로움이라도 일어나서 사
라지는 무상의 법 안에 있다. 모든 것이 무상한데
무엇을 집착하겠는가?

76

믿음은 맹목적 믿음이 있고 확신에 찬 믿음이 있다.
맹목적 믿음은 일반적 신앙형태에서 나타나지만 수
행에서는 확신에 찬 믿음이 최고의 자산이다. 수행
자가 자신의 몸과 마음을 탐구해보고 나서 생긴 믿
음이 확신에 찬 믿음이다. 이런 믿음이 있을 때 스
승의 가르침에 대한 확신이 서서 바른 수행을 할 수
있다. 확신에 찬 믿음이 있으면 균형이 있는 노력
을 해서 집중력을 키우고 지혜를 얻는다. 이렇게 얻
은 지혜가 앞에서 믿음과 함께 수행을 이끌어야 도
과를 성취할 수 있다. 믿음에 지혜에 따르지 않으면
맹목적 믿음이 된다. 믿음에 지혜가 따르면 확신에
찬 믿음이 된다. 확신에 찬 믿음이 없으면 결코 도
과를 성취하기 어렵다.

77

당신은 반드시 이렇게 해야 한다고 말하지 마라. 이렇게 하는 것도 당신에게 달려있고, 저렇게 하는 것도 당신에게 달려있다고 말하라. 명령을 내려서 하는 것보다 자발적으로 하는 것이 바른 지침이다.

78

몸은 마음을 이기지 못하고 마음은 몸을 이기지 못한다. 몸에서 생긴 문제로 인하여 마음이 영향을 받고, 마음에서 생긴 문제로 인하여 몸이 영향을 받는다. 몸과 마음을 분리해서 알아차리는 위빠사나 수행자는 몸에 대해서는 몸의 영역으로 알아차리고, 마음에 대해서는 마음의 영역으로 알아차린다. 몸과 마음을 분리하지 못하면 세간의 삶이고, 몸과 마음을 분리해서 알아차리면 출세간의 삶이다. 세간의 삶에서는 몸이 아플 때 마음이 아프고, 마음이 아플 때 몸이 아프다. 출세간의 삶에서는 몸이 아플 때 마음이 아프지 않고, 마음이 아플 때 몸이 아프지 않다. 서로의 영역을 분리해서 알아차리면 번뇌가 자라지 않으며 법을 발견한다.

79

내 행복은 내가 만들고, 내 불행도 내가 만든다. 내
마음이 천국을 만들고, 내 마음이 지옥도 만든다.

80

남의 괴로움은 찻잔 속의 태풍처럼 하찮게 보인다.
그러나 나의 괴로움은 실제의 태풍처럼 크게 느낀
다. 나의 괴로움이 남의 괴로움보다 큰 것은 나라고
하는 자아가 있기 때문이다. 나의 괴로움이 남의 괴
로움처럼 하찮게 되게 하려면 괴로움을 있는 그대
로 알아차려야 한다. 괴로움을 있는 그대로 알아차
리면 내가 없고 단지 아는 마음만 있기 때문에 하나
의 현상에 불과해진다. 괴로움이나 즐거움이나 모
든 현상은 알아차릴 대상이라서 법이다. 괴로움이
법으로 바뀌면 하나의 대상으로 객관화되어 괴로움
이 소멸한다. 즐거움이 법으로 바뀌면 하나의 대상
으로 객관화되어 즐거움으로 인해서 생기는 감각적
욕망이 제어된다.

81

괴로움은 즐겁기를 바라는 욕망 때문에 생기며, 괴롭지 않기를 바라는 욕망 때문에 사라지지 않는다.

82

있을 수 없는 일이 일어난 것이 아니다. 모두 일어날 만한 조건이 성숙되어서 일어났다. 즐거운 일도 조건이 성숙되어서 일어났으며, 괴로운 일도 조건이 성숙되어서 일어났다. 조건에 의해 일어난 일은 반드시 조건에 의해 사라진다. 그러므로 즐거울 때 너무 즐거워하지 말고, 괴로울 때 너무 괴로워하지 말아야 한다. 즐거움과 괴로움은 나의 것이 아니고 일어나고 사라지는 연속적 현상일 뿐이다. 즐거움에 취하여 현실을 망각하지 말고, 괴로움에 빠져 현실을 비관하지 말아야 한다. 일어났다가 사라지는 현상에는 실체가 없어 공하다.

83

어리석은 사람은 자신이 무지하다는 것을 모른다.
그래서 무지에서 벗어나려고 하지 않는다. 지혜가
있는 사람은 자신이 무지하다는 것을 안다. 그래서
무지에서 벗어나려고 노력한다.

84

두려움은 누가 준 것인가? 두려움은 내가 만들었다.
두려움은 왜 생겼는가? 두려움은 만족하지 못해서
생겼다. 두려움이 왜 커지는가? 두려움을 피하기 때
문이다. 두려움을 어떻게 해야 하는가? 두려움을 있
는 그대로 알아차려야 한다. 두려움을 알아차리면
없어지는가? 두려움을 없애려고 하지 말고 단지 대
상으로 알아차려야 소멸한다.

85

나의 적은 밖에 있지 않다. 나의 적은 내 마음속에
있는 욕망이다. 욕망이 성취되지 못하면 분노로 변
한다. 분노는 자신의 몸과 마음을 불길에 휩싸이게
한다.

86

진리가 내 손안에 있다는 말은 진리는 자신의 몸과
마음에서 나온다는 뜻이다. 몸과 마음을 가지고 살
면서 생긴 문제에 대한 해답은 오직 몸과 마음을 알
아차리는 것에서만 얻을 수 있다. 위빠사나 수행으
로 몸과 마음을 알아차릴 때만이 무상, 고, 무아를
알아 모든 번뇌를 여읠 수 있다.

87

물질을 집착하면 정신이 병든다. 정신이 병들면 행복할 수 없다.

88

자신이 선한 행위를 해서 자신을 청정하게 한다. 자신이 악한 행위를 해서 자신을 오염시킨다. 누구도 자신을 청정하게 하거나 오염시키지 못한다. 오직 자신의 행위로 자신을 청정하게 하거나 오염시킨다.

옹달샘

4

●

●

●

몸을 깨끗하게 씻고 좋은 옷을 입는 것처럼

마음도 깨끗하게 씻고 좋은 옷을 입혀야 한다.
마음을 깨끗하게 씻고 좋은 옷을 입히려면
대상을 있는 그대로 알아차려서 청정하게 해야 한다.

89

달아나고 싶어도 달아날 수 없는 것이 죽음이다. 벗어날 수 없는 죽음의 굴레에서 벗어나려면 다시 태어나지 않아야 한다. 감각적 욕망을 집착하지 않으면 다시 태어나지 않아 죽음의 굴레에서 해방된다. 감각적 욕망을 집착하는 한 영원히 다시 태어나서 죽는 굴레에서 벗어날 수 없다.

90

자기 이해를 떠나서 단지 좋게 생각해야 내가 괴롭지 않고, 남도 괴롭히지 않는다. 자기 이해만 앞세우면 매사를 좋게 생각하지 않고, 나쁘게 생각한다. 그러나 남의 입장도 이해하면 매사를 나쁘게 생각하지 않고, 좋게 생각한다. 이처럼 긍정적으로 생각하면 내가 괴롭지 않고, 남도 괴롭히지 않는다. 하지만 부정적으로 생각하면 나도 괴롭고, 남도 괴롭힌다. 대상을 있는 그대로 알아차리면 긍정적으로 생각하여 나와 남이 모두 평화롭다.

91

고통을 그냥 고통으로 알아차려라. 고통을 보상 받으려고 하면 더 큰 고통을 겪는다. 고통을 알아차린 것이 최고의 보상이다. 반작용은 더 큰 화를 부른다.

92

모든 일의 시작은 한 생각으로부터 나온다. 자신의 생각이 선하지 못하면 자신을 타락시킨다. 자신의 생각이 선하면 자신의 인격을 향상시킨다. 한 생각이 자신을 파괴할 수도 있고, 구할 수도 있다. 한 생각은 습관으로부터 나온다. 현재의 마음을 알아차리면 잘못된 습관에서 벗어날 수 있다.

93

밤이 길어도 기다리면 아침이 온다. 낮이 길어도 기다리면 저녁이 온다. 현실이 괴로워도 기다리면 즐거운 때가 온다.

94

거울에 몸을 비춰보듯이 자기 생각과 말과 행동을 비춰봐야 한다. 지금 무슨 생각을 하고 있는가. 지금 무슨 말을 하고 있는가. 지금 무슨 행동을 하고 있는가. 이렇게 알아차리는 것이 생각과 말과 행동을 비춰보는 것이다.

95

남의 불행을 통해서 얻는 즐거움은 진정한 행복이 아니다. 감각적 쾌락과 악한 의도로 얻는 즐거움이다.

96

누구나 몸과 마음을 가지고 있는 한 느낌이 일어난다. 느낌은 욕망을 일으켜 집착하고 행위를 한다. 이러한 행위의 원인으로 미래에 태어남이란 결과가 생긴다. 위빠사나 수행으로 몸과 마음을 알아차려서 느낌이 소멸하면 욕망이 소멸하여 다시 태어나서 죽는 괴로움이 끝난다. 느낌을 원인으로 욕망이 일어나는 길은 어리석음의 지배를 받는다. 이러한 어리석음과 욕망에는 태어남과 죽음만 있어 끝없는 윤회를 한다. 느낌이 소멸하여 욕망이 일어나지 않는 지혜의 길에는 태어남과 죽음이 없어 윤회가 끝난다. 느낌에서 욕망을 일으키는 것이 범부가 가는 윤회의 길이다. 느낌과 욕망이 모두 소멸하여 윤회가 끝나는 것이 성자의 길이다.

97

존경하는 사람이 없으면 불행한 사람이다. 존경하는 사람이 없는 사회는 불행한 사회다. 존경하는 사람이 있어 가르침을 받으면 행복한 사람이다. 존경하는 사람이 있어 가르침을 받는 사회는 행복한 사회다. 모든 인간은 어리석음을 가지고 태어나서 선한 표상과 가르침이 없이는 바른 길을 가기가 어렵다. 그러므로 위대한 스승의 가치는 실로 헤아리기 어렵다.

98

내가 알지 못하는 것이라고 해서 무조건 거부하면 발전할 수 없다. 내가 알고 있는 것만 고집하면 어리석음에서 벗어나지 못한다. 새로운 것을 있는 그대로 알아차려야 통찰지혜를 얻는다. 수행은 과거의 낡은 관념에서 벗어나 새로운 진실을 아는 기회다. 수행을 해서 지혜를 얻어야 괴로움의 바다를 건너 행복한 세계에 이를 수 있다.

수행자는 남이 나를 이해하지 못한다고 화를 내서
는 안 된다. 바른 수행자는 이해하지 못하는 상대를
이해한다. 수행자는 남이 나를 이해하지 못한다고
수행을 포기해서는 안 된다. 수행자는 상대의 견해
와 상관없이 자기 수행을 계속해야 한다. 위빠사나
수행은 자신의 몸과 마음을 알아차리는 수행이라서
남의 이해를 구하지 않아도 된다. 그러므로 수행을
겉으로 드러내고 하지 않아도 된다. 조용히 자신의
내면을 통찰하면 다른 사람들과 부딪칠 염려가 없
다. 남의 견해로 인해 자신의 길을 가지 못하는 것
은 어리석은 일이다. 잘못된 견해를 가진 사람은 바
른 견해를 이해하지 못한다. 바른 견해를 가진 사람
은 잘못된 견해를 이해한다.

100

탐욕이 있을 때는 관용이 없고, 관용이 있을 때는 탐욕이 없다. 성냄이 있을 때는 자애가 없고, 자애가 있을 때는 성냄이 없다. 어리석음이 있을 때는 지혜가 없고, 지혜가 있을 때는 어리석음이 없다. 탐욕, 성냄, 어리석음이 없다고 해서 그 자리에 무조건 관용, 자애, 지혜가 일어나지 않는다. 탐욕, 성냄, 어리석음을 알아차려서 지혜가 생길 때만이 관용, 자애, 지혜가 일어난다. 알아차림이 없을 때는 탐욕, 성냄, 어리석음이 있다. 알아차림이 있을 때는 관용, 자애, 지혜가 있다. 알아차리지 못해서 선하지 못한 마음이 있을 때는 선한 마음이 자리 잡지 못한다. 알아차려서 선한 마음이 있을 때는 선하지 못한 마음이 자리 잡지 못한다.

101

어리석은 마음으로는 괴로움을 극복할 수 없다. 지혜로운 마음만이 괴로움을 극복할 수 있다. 어리석으면 물질적인 즐거움을 집착하여 괴로움을 키운다. 지혜가 있으면 물질적인 즐거움을 집착하지 않아 괴로움을 소멸시킨다. 물질적인 즐거움을 집착하면 정신이 병들어 행복을 모른다. 물질적인 즐거움을 집착하지 않으면 정신이 청정하여 행복을 얻는다. 어리석으면 몸과 마음을 알아차리지 못해 욕망과 성냄으로 산다. 지혜로우면 몸과 마음을 알아차려서 관용과 자애로 산다. 어리석으면 논리의 영역 밖에 있는 오묘하고 성스러운 진리를 이해하지 못한다. 지혜가 있으면 논리의 영역 밖에 있는 오묘하고 성스러운 진리를 이해한다.

102

자아가 있으면 승리와 패배가 있고, 자아가 없으면 승리와 패배가 없다. 내가 있어서 이기고 지는 것이 있지만 내가 없으면 이기고 지는 것이 없다. 승리와 패배가 있으면 욕망이 있고, 승리와 패배가 없으면 관용이 있다. 승리와 패배가 있으면 성냄이 있고, 승리와 패배가 없으면 사랑이 있다. 승리와 패배가 있으면 어리석음이 있고, 승리와 패배가 없으면 지혜가 있다. 승리와 패배가 있으면 자유를 속박하여 불행하고, 승리와 패배가 없으면 자유를 속박하지 않아 행복하다. 범부의 세계에서는 어리석음과 욕망이 지배하기 때문에 이겨도 진 것이다. 성자의 세계에서는 지혜가 있고 욕망이 소멸되었기 때문에 진정한 승리가 있다.

103

괴로움은 시간 앞에서 무력하다. 괴로움을 겪고 있는 마음은 시간마다 다르다. 알아차려도 괴로움을 견디기 힘들 때는 괴로움을 시간에 맡겨야 한다. 그러면 매순간 조여 오는 괴로움으로부터 숨통이 트일 수 있다. 괴로움은 무아 앞에서 소멸한다. 내가 없으면 더 이상 집착할 것이 없어 괴롭지 않다. 알아차려도 괴로움을 견디기 힘들 때는 이것이 누구의 괴로움인지 살펴봐야 한다. 몸과 마음은 매순간 조건에 의해 일어나고 사라지는 연속적 현상만 있으므로 이것이 나는 아니다. 그러므로 이것은 단지 감각기관이 느끼는 것이지 나의 괴로움이 아니라고 알아야 한다. 그러면 매순간 조여 오는 괴로움으로부터 숨통이 트일 수 있다.

104

몸을 깨끗하게 씻고 좋은 옷을 입는 것처럼 마음도 깨끗하게 씻고 좋은 옷을 입혀야 한다. 마음을 깨끗하게 씻고 좋은 옷을 입히려면 대상을 있는 그대로 알아차려서 청정하게 해야 한다.

105

어느 날 꽃이 피어 봄이 온 것을 알았는데 칼바람에 꽃잎이 파르르 떨고 있다. 봄은 왔지만 아직 봄은 오지 않았다. 꽃이 피어도 내 마음은 아직 차가운 겨울이라서 봄이 오지 않았다. 봄이 와도 내 마음이 봄을 맞이할 수 있을 때가 비로소 봄이다. 따뜻한 봄날은 그냥 오지 않는다. 겨울의 끝자락에 실려 꽃잎이 시리게 온다. 봄은 사라지기 싫은 겨울을 다독이며 조금씩, 조금씩 온다. 내가 할 수 있는 일이란 봄이 왔을 때 온 것을 알고 갔을 때 간 것을 아는 것이다. 어느 봄날 꽃잎이 나타나 세월을 흐르게 하는 것을 보면서 또 한해의 무상을 본다. 오는 봄을 막지 못하고 가는 봄을 붙잡지 못하는 무아 앞에서 조용히 봄을 지켜본다.

106

신뢰할 때는 불신이 없다. 감사할 때는 질투가 없다. 사랑할 때는 성냄이 없다. 선한 마음일 때는 악한 마음이 없다.

107

사람을 법으로 탐구하되 경쟁의 도구로 삼지마라. 법을 탐구하면 진실을 얻지만 사람에게 도전하면 이기심이 커진다. 수행자가 주목해야 할 대상은 법이지 사람이 아니다. 사람을 법으로 보면 단지 알아차릴 대상이라서 마음을 오염시키지 않는다. 사람을 경쟁상대로 보면 알아차리지 못해 마음을 오염시킨다. 법은 완전한 것이라서 탐구할 가치가 있지만 사람은 허약한 존재라서 도전할 가치가 없다. 사람은 있지만 단지 부르기 위한 명칭이므로 실체가 없다. 사람을 경쟁상대로 생각하면 스스로 눈을 가리어 드러나 있는 진실을 보지 못한다. 수행자는 궁극의 가치를 위해서 노력하고 자신의 이기심을 위해서 노력하지 말아야 한다.

108

누구나 자신의 수준만큼 안다. 지식으로 아는 것은
완전하게 아는 것이 아니다. 지혜로 알아야 대상의
성품을 꿰뚫어 완전하게 안다. 지혜로 안다고 해도
모든 것을 다 아는 것이 아니다. 객관적 진리도 자
기가 가진 지혜의 수준만큼 안다. 그러므로 수행자
들이 알고 모르는 일로 다투지 말아야 한다. 출세간
에서는 옳고 그름을 따지지 않고 단지 알아차릴 대
상으로 삼는다.

109

즐거울 때 괴로움이 잠재해 있다. 괴로울 때 즐거움
이 잠재해 있다. 즐거울 때 즐거움만 있는 것이 아
니다. 즐거움을 알아차리면 잠재되어 있는 괴로움
이 나타나지 않는다. 괴로울 때 괴로움만 있는 것이
아니다. 괴로움을 알아차리면 잠재되어 있는 즐거
움이 나타난다.

110

감각적 욕망으로 얻는 행복은 완전한 행복이 아니고 괴로움이다. 누구나 자신이 얻은 행복에 만족하지 못하고 더 큰 행복을 바라기 때문이다. 이처럼 만족할 수 없는 행복을 찾는 것이 세속의 행복이다. 감각적 욕망 없이 얻는 행복이 완전한 행복이고 이것이 열반이다. 열반은 감각에 의해 경험되는 행복이 아니라서 더 큰 행복을 바라지 않는다. 열반에 의해 경험하는 행복은 괴로움이 사라진 출세간의 행복이다. 존재의 실재를 통찰지혜로 알면 나라고 할 것이 없다. 그러면 더 이상 감각적 욕망의 노예가 되지 않아 모든 번뇌로부터 해방되는 열반에 이른다. 열반은 감각적 욕망을 여읜 최고의 기쁨이라서 지고의 행복이라고 한다.

모든 번뇌에서 벗어나려면 무엇이나 받아들여야 한
다. 설령 불편한 일이라고 할지라도 아무 조건 없이
받아들여야 한다. 받아들이는 것을 굴욕이라고 여
겨서는 안 된다. 받아들일 때만이 자신의 내면에 고
요함이 생기고 이런 고요함이 평화를 가져온다. 이
런 고요함과 평화로 인해 통찰지혜가 생긴다. 받아
들이기 위해서는 모든 대상을 있는 그대로 알아차
려야 한다. 자기 기준으로 보면 선입관을 가지고 보
기 때문에 있는 그대로 볼 수 없어 받아들이지 못한
다. 받아들이는 마음에는 사랑이 있다. 이 사랑이
선한 싹을 틔워 행복한 꽃을 피게 한다. 받아들이지
않고 화를 내고 배척하면 자신의 내면을 통찰하지
못해 지혜를 향상시킬 수 없다.

112

좋은 것보다 더 좋은 것이 있다. 좋은 것을 집착하
지 않아야 더 좋은 것이 된다. 좋은 것도 집착하면
그 순간부터 괴로움이다. 좋은 것도 지나침이 없어
야 좋은 것으로 남는다.

113

괴로움에 쫓겨 즐거움을 움켜쥐면 즐거움을 집착한
다. 이때의 즐거움은 안전한 피난처가 아니다. 즐거
움을 집착하면 즐겁지 못할 때 더 큰 괴로움을 겪는
다. 자기가 바라는 즐거움은 항상 할 수 없다. 집착
하는 마음으로 인해 들떠서 즐거움조차 제대로 누
릴 수 없으면 이미 즐거움이 아니고 괴로움이다. 괴
로움의 대안으로 선택한 즐거움은 감각적 욕망이기
마련이다. 괴로울 때 괴로운 것을 알아차리고, 즐거
울 때 즐거운 것을 알아차리는 것이 가장 안전한 피
난처다. 괴로움은 일시적인 느낌이며 즐거움도 일
시적인 느낌이다. 일시적인 것을 영원한 것으로 보
는 것이 어리석음이다. 일시적인 것을 있는 그대로
보는 것이 통찰지혜다.

114

시간을 소모하는 사람은 고난을 극복하지 못한다. 고난을 극복하지 못하면 불행하다. 시간을 만드는 사람은 고난을 극복한다. 고난을 극복하면 행복하다. 시간의 쓰임에 따라 행복과 불행이 만들어진다.

115

어떻게 사는 것이 가장 행복한 삶인가? 확신에 찬 믿음을 가지고 몸과 마음을 알아차리는 수행을 해서 무상, 고, 무아의 진리를 발견하는 것이다. 존재하는 것의 특성인 무상, 고, 무아의 진리를 발견하면 모든 감각적 욕망의 속박에서 벗어나 고통의 바다를 건널 수 있다. 괴로움에서 벗어나지 못했다면 수행을 게을리 해서 존재에 대한 진실을 발견하지 못했기 때문이다. 무상의 진리를 알면 온갖 변화로 인해서 오는 괴로움이 사라진다. 괴로움의 진리를 알면 괴로움의 원인이 되는 욕망이 사라져 괴로움이 사라진다. 무아의 진리를 알면 자아로 인해서 생기는 어리석음과 욕망과 집착이 사라져 더 이상의 태어남이 없는 행복을 얻는다.

116

비가 내리는 길 위에서 죽은 새가 비를 맞고 있다. 죽음도 슬픈데 비까지 맞고 있다. 죽은 새는 비 맞는 것을 모르지만 새를 보는 내 마음에 비가 내린다. 나는 비를 맞으며 그냥 울었다.

117

웃을 수도 없고 울 수도 없을 때는 어떻게 하려고 하지마라. 이런 마음이 있는 것을 알아차린 뒤에 조용히 호흡을 지켜보라. 이럴 수도 없고 저럴 수도 없을 때는 어떻게 하려고 하지마라. 이런 마음이 있는 것을 알아차린 뒤에 조용히 호흡을 지켜보라. 무슨 일이나 현재 처해있는 상황이 바로 알아차릴 대상이다. 방황할 때는 방황하는 마음이 바로 알아차릴 대상이다. 혼란할 때는 혼란한 마음이 바로 알아차릴 대상이다. 즐겁거나 괴롭거나 나타난 현상은 모두 알아차릴 대상이다. 모든 현상은 와서 보라고 나타났으므로 처해진 현재를 있는 그대로 알아차려야 한다. 처해진 현재를 알기 위해서는 자신의 몸과 마음을 알아차려야 한다.

118

세속에서는 욕망을 약으로 사용하여 물질적 발전을
한다. 그러나 결국에는 욕망 때문에 다시 태어나는
정신적 고통을 겪는다. 출세간에서는 욕망을 독으
로 알아 사용하지 않기 때문에 정신이 고양된다. 그
래서 욕망이 끊어져 다시 태어나는 정신적 고통을
겪지 않는다.

119

의심이 있으면 믿음이 생기지 않는다. 믿음이 없으
면 노력을 할 수 없다. 노력이 없으면 수행을 하지
못한다. 의심에서 벗어나기 위해서는 몸과 마음을
알아차려야 한다. 몸과 마음을 알아차리면 원인과
결과를 아는 지혜가 난다. 원인과 결과를 알면 의심
이 사라져 무상, 고, 무아의 지혜를 얻는다. 존재하
는 모든 생명의 특성인 무상, 고, 무아의 지혜가 열
반에 이르는 궁극의 깨달음이다.

옹달샘

5

●

●

●

좋은 기억은 쉽게 사라지지만

나쁜 기억은 사라지지 않는다.
욕망을 가지고 살면 나쁜 기억을 버리지 못한다.
나쁜 기억을 계속하는 것은 욕망을 충족시키지 못한 회한 때문이다.

120

인간은 자신이 행한 대로 결과를 받는다. 선한 행위를 하면 선한 과보를 받는다. 선하지 못한 행위를 하면 선하지 못한 과보를 받는다. 자신의 행위에 대한 과보는 행위를 하는 순간에 나타나기도 하고, 과보의 조건이 성숙되면 나타나기도 한다. 하지만 모든 경우에 업의 적용을 받는 것은 아니다. 의도가 있는 행위를 했을 때만 업의 적용을 받는다. 또 수행을 해서 지혜가 나면 선업이 많아져 불선업의 과보를 받을 여지가 적어진다. 그러므로 과거에 행한 선하지 못한 행위로 인해 괴로워만 할 것이 아니다. 과거의 잘못된 행위도 있는 그대로 알아차리면 새로운 선한 행위가 된다. 인간에게만 업의 과보로부터 벗어날 선택권이 있다.

121

괴로움이란 참기 어려운 것을 말한다. 괴로움을 참
지 못하는 것은 내가 있다는 자아 때문이다. 자아는
이기적인 마음을 일으켜 모든 것을 오직 자신의 뜻
대로 하려고 한다. 진리의 눈으로 본 괴로움은 하찮
은 것이며 실체가 없어 비어있다. 괴로움은 자신의
욕망이 충족되지 않아서 생긴 불만족이다. 모든 욕
망은 끝이 없어 실체가 없다. 겉으로 드러난 것이
실체처럼 보이지만 그 내면에는 생멸하는 현상밖에
없어 실체가 없다. 하찮은 것을 크게 생각하여 매달
리는 것은 내가 있다는 어리석음 때문이다. 괴로움
을 겪는 마음은 있지만 내 마음이 아니고 매순간 일
어나고 사라지는 마음이다. 괴로움은 하찮은 것을
크게 생각하는 신기루다.

122

땅 위에 재산을 쌓기 위해 집착하지 마라. 마음에 재산을 쌓기 위해 노력하라. 땅 위에 있는 재산은 욕망이지만 마음에 있는 재산은 공덕과 지혜다. 땅 위에 있는 재산은 사라지지만 마음에 있는 재산은 사라지지 않는다. 물질은 언젠가 사라져 소멸하지만 정신은 계승되어 사라지지 않는다. 물질은 죽을 때 가지고 갈 수 없지만 정신은 다음 생에 좋은 원인을 제공한다.

123

본래 좋은 성품을 가졌어도 나쁜 습관이 있으면 나중에는 나쁜 성품으로 바뀐다. 본래 나쁜 성품을 가졌어도 좋은 습관이 있으면 나중에는 좋은 성품으로 바뀐다. 그러므로 습관이 새로운 성품을 만든다. 좋은 습관을 갖기 위해서는 도덕적 규범을 지키면서 근면하게 살아야 한다. 가장 좋은 습관은 몸과 마음을 알아차려서 지혜를 얻는 것이다.

124

욕망이 있어서 몸과 마음이 만들어진다. 욕망은 원
인이고 몸과 마음은 결과다. 이러한 조건에 의해 몸
과 마음이 생성과 소멸을 거듭한다. 욕망이 끊어지
면 몸과 마음이 만들어지지 않는다. 욕망이 없는 것
이 원인이고 몸과 마음이 만들어지지 않는 것이 결
과다. 이러한 조건에 의해 몸과 마음의 생성과 소멸
이 끝난다. 욕망은 어리석음 때문에 일어나고 어리
석음은 자아 때문에 일어난다. 욕망이 소멸하면 어
리석음도 소멸하고 자아도 소멸한다. 욕망이 일어
날 때마다 욕망이 일어난 것을 알아차리면 단지 아
는 마음만 있어 어리석음이 사라진다. 욕망이 일어
난 것을 알아차리지 못하면 어리석음을 키워 번뇌
의 괴로움에서 벗어나지 못한다.

세간에서는 승리와 패배가 있다. 승리했을 때는 행복하고 패배했을 때 불행하다. 승리와 패배가 있으면 상대적인 사회다. 상대적인 사회는 행복과 불행이 반복되어 괴로움으로부터 벗어날 수 없다. 출세간에서는 승리와 패배가 없다. 출세간에서는 행복도 알아차릴 대상이고 불행도 알아차릴 대상이다. 상대적인 질서에서는 행복한 만큼 괴로움이 있다. 절대적인 질서에서는 괴로움이 없는 완전한 행복이 있다. 출세간은 세간을 부정하지 않는다. 세간의 현상을 있는 그대로 알아차려서 상대적 괴로움에서 벗어나는 것이 출세간이다. 세간의 상대적인 행복과 불행을 있는 그대로 받아들여서 이해하는 것이 출세간의 절대적인 행복이다.

126

세상의 모든 일은 자기를 중심으로 움직인다. 하지만 자기의 중심이 있으면 남의 중심도 있다. 그러므로 자기의 중심만 있고 상대의 중심을 용납하지 않으면 다툼이 있어 불행하다. 누구나 자기를 중심으로 움직이지만 상대의 중심도 용납해야 평화와 행복이 있다. 남의 중심을 수용할 때 자기의 중심도 존중을 받는다.

127

누구나 행복하기를 바라면서도 괴로운 결과를 가져오는 일에 몰두한다. 감각적 욕망을 충족시키는 일은 행복이 아니다. 감각적 욕망을 여읜 고요함과 이로 인해서 생긴 지혜가 진정한 행복이다. 행복은 화려한 날개를 펴고 금빛 찬란하게 오지 않는다. 자기 능력에 맞는 일을 하고 감사하는 소박한 마음을 가질 때 진정한 행복이 온다. 언제나 '나'라고 내세우지 않아 집착하지 않는 것이 가장 값진 행복이다.

128

희망이 없으면 절망하고 급기야는 극단적인 선택을 하기 쉽다. 어떤 어려운 상황에 처해 있더라도 희망이 없다고 절망하지 마라. 살아온 날들이 모두 괴로움만 있었던 것이 아닌 것처럼 지금의 괴로움도 때가 되면 한낱 과거의 일에 불과하다. 현재의 괴로움만 생각하지 마라. 죽지 않고 숨을 쉬고 있는 것이 큰 희망이다. 희망을 밖에서 찾으려고 하지마라. 절망하고 있는 자신의 마음을 알아차리고 호흡을 지켜보는 것이 희망이다. 괴로움을 겪는 것은 내가 아니고 순간의 마음이 경험하고 있다. 괴로운 마음을 알아차리고 호흡을 지켜보면 거친 번뇌도 알아차릴 대상이다. 모든 것은 변하고 '나'라거나 '내 것'이라고 할 만한 것은 없다.

129

좋은 기억은 쉽게 사라지지만 나쁜 기억은 사라지지 않는다. 욕망을 가지고 살면 나쁜 기억을 버리지 못한다. 나쁜 기억을 계속하는 것은 욕망을 충족시키지 못한 회한 때문이다.

130

망상은 실재하지 않는 것을 생각하는 것이라서 꿈이다. 인간은 온갖 망상을 하며 살기 때문에 꿈속에서 산다. 현실의 바탕위에 있지 않고 꿈속에서 살면 지혜가 나지 않아 괴로움의 본질을 알지 못한다. 망상할 때는 망상하는 마음을 알아차린 뒤에 일어나고 꺼지는 호흡을 알아차리면 망상의 미혹에서 벗어날 수 있다. 꿈속에서 살면서 또 꿈을 꾸면 결코 꿈에서 벗어나 있는 그대로의 진실을 보지 못한다. 있는 그대로의 진실을 모르는 한 미망의 어둠에서 헤매야 한다.

행위만 있고 행위를 하는 자는 없다. 행위를 하는
자가 없으므로 과보를 받는 자도 없다. 단지 정신과
물질이 각각의 기능을 하고 기능에 따른 과보를 받
는다. 정신과 물질은 조건에 의해 지속되는 원인과
결과만 있다. 정신과 물질이 생길 만한 원인이 있어
서 정신과 물질이 생기는 결과가 있다. 정신과 물
질이 생길 만한 원인이 사라지면 정신과 물질이 생
기지 않는 결과가 있다. 정신과 물질을 가진 인간이
조건에 의해 행복과 불행이 나타날 뿐이지 이것을
지배하거나 소유하는 자아는 없다. 정신과 물질을
가진 인간을 부를 때 '나'라고 하거나 '너'라고 하
거나 '우리'라고 하는 명칭을 사용할 뿐이지 이것
을 지배하거나 소유하는 자아는 없다.

132

수행에 대한 말은 달콤하지 않다. 감각적 욕망을 절제하기 때문에 오히려 괴로움을 준다. 하지만 움켜쥐지 않음으로써 가장 큰 즐거움을 얻는다.

133

세속에서는 욕망이 있어서 목표를 성취한다. 출세간에서는 욕망이 없어서 목표를 성취한다. 욕망으로 이룬 목표는 괴로움이다. 욕망 없이 이룬 목표가 행복이다. 욕망이 있는 세계에서는 욕망이 없는 세계를 이해하지 못한다. 그러나 욕망이 없는 세계에서는 욕망이 있는 세계를 이해한다. 두 가지의 세계는 모두 알아차릴 대상이지 서로 배척하는 세계가 아니다. 지혜가 있는 수행자는 욕망이 있는 세계에서 욕망이 없는 새로운 세계를 열어간다.

134

누구나 모르는 상태에서 출발하기 때문에 처음부터 무엇이 최상의 가르침인지 알지 못한다. 세상에는 많은 진실이 있지만 최상의 진실은 만나기 어렵고 계속하기도 어렵다. 누구나 선한 인연이 있어야 비로소 최상의 가르침을 만날 수 있다. 최상의 가르침을 만났다고 하더라도 선한 인연이 없으면 계속 유지하기 힘들다. 선한 인연은 저절로 오지 않고 자신의 노력으로 만든다. 최상의 가르침을 만나기 위해서는 자신의 선한 행위로 인한 선한 과보가 있어야 한다. 그러므로 모든 일에서 선한 마음을 갖고 선한 행위를 하는 것이 가장 우선한다. 선한 마음은 관용과 자애와 지혜다. 선한 마음을 실천하는 행위는 보시와 지계와 수행이다.

135

사람들은 자신의 인연으로 만난 가르침에 따라 정보를 얻기 때문에 저마다 다른 견해를 가지고 있다. 누구나 자기가 배운 가르침에 따라 생각하고 말하고 행동하기 하기 때문에 자기 수준에서 옳고 그름을 판단한다. 세속에서는 각기 다른 견해만 있을 뿐이지 진정한 옳고 그름은 알 수 없다. 그러므로 자신이 가지고 있는 견해에 대해서 지나치게 집착하지 말아야 한다. 무엇이나 있는 그대로 알아차리는 것이 출세간의 지혜를 향해서 가는 길이다. 옳다고 생각하는 것도 알아차릴 대상이고, 그르다고 생각하는 것도 알아차릴 대상이다. 옳다고 생각하면 탐욕이 일어나고, 그르다고 생각하면 성냄이 일어나서 어리석음에서 벗어나지 못한다.

136

감각적 욕망이 있는 한 영원히 어둠속에서 살아야 한다. 어둠속에 있는 한 괴로움에 떨어야 한다. 감각적 욕망을 여읠 때만이 괴로움에서 해방되어 어둠에서 벗어난다. 세속에서는 내가 있어 욕망으로 산다. 출세간에서는 내가 없어 욕망을 버린다. 내가 있는 한 욕망이 사라지지 않는다. 무아의 지혜가 날 때만이 욕망이 사라져 자유를 얻는다. 지금까지 내가 있다고 생각하고 살아온 세상에서 내가 없음을 아는 것은 최고의 지혜가 날 때만이 가능하다. 최고의 지혜는 저절로 오지 않는다. 알아차림을 확립하는 수행을 지속적으로 실천할 때만이 무아의 지혜가 온다. 최고의 지혜는 끊임없이 자신의 몸과 마음을 알아차릴 때 얻는다.

137

인간으로 태어난 것은 매우 희귀한 일이다. 선한 과보가 없으면 인간으로 태어날 수 없다. 계율을 지켜 청정한 과보가 있어야 인간으로 태어날 수 있다. 인간의 마음은 강해서 지옥의 마음을 가질 수도 있고, 천상의 마음을 가질 수도 있고, 해탈의 마음을 가질 수 있다. 인간에게만 이런 선택권이 부여되어 더 나아지거나, 더 나빠지거나, 해탈에 이를 수 있다. 인간으로 태어난 사명은 지금보다 더 나은 삶을 살 수 있는 기회를 부여받은 것이다. 인간으로 태어나서 지옥의 마음을 갖는 것은 인간의 사명을 다하지 못한 것이다. 통찰지혜를 얻는 수행을 해서 괴로움뿐인 윤회에서 벗어나는 것이야말로 인간으로 태어난 가장 값진 수확이다.

138

모든 것들은 일어나서 사라진다. 사라짐은 사라짐으로 그치지 않고 새로운 일어남을 일으키고 사라진다. 일어나고 사라지는 것이 연속되는 것은 원인과 결과가 상속되는 것이며 현상계의 윤회하는 진실이다. 나쁜 일이 사라지고 좋은 일이 일어나도록 하기 위해서는 선한 마음을 가져야 한다. 좋은 일이 사라지고 나쁜 일이 일어날 때는 선하지 못한 마음을 가지고 있기 때문이다. 좋은 일도 일어나면 사라지고, 나쁜 일도 일어나면 사라진다. 좋은 일어남과 사라짐이 계속되게 하려면 대상을 있는 그대로 알아차려서 청정한 마음을 가져야 한다. 마음이 청정하지 않을 때는 좋은 일이 나쁜 일로 바뀌며, 나쁜 일은 더 나쁜 일로 계속된다.

139

사랑은 미워하는 마음이 없을 때 얻는 진실이다. 평화는 배척하는 마음이 없을 때 얻는 진실이다. 이성적인 마음으로 이기적인 마음을 알아차리는 것이 가장 선한 덕목이다.

140

누군가를 생각으로 보았다면 그 사람이 실제로 나타난 것이 아니다. 내 마음이 그 사람을 기억하여 표상이 떠오른 것이다. 표상은 마음이 투사해서 생긴다. 모든 것들은 내 마음이 만들어낸 표상이다. 실재하지 않는 표상은 자신의 마음이 만든 환영이다. 자신이 만든 허상이 어떤 암시를 한다면 그것은 자신의 마음이 만든 것이다. 진실은 허상에 있지 않고 실재하는 자신의 마음에 있다. 허상에 마음을 빼앗기면 자신의 마음이 허상의 지배를 받는다. 허상을 있는 그대로 보아 단지 허상에 불과하다고 알 때만이 불필요한 번뇌에 시달리지 않는다. 모든 허상은 실재가 아닌 신기루에 지나지 않는다.

불교의 업은 운명론이 아니다. 인간은 타인에 의해
관리되지 않고 자신의 행위에 따른 결과가 있다. 업
은 의도를 가진 행위를 원인으로 그에 합당한 결과
를 받는 것이다. 선한 행위를 하면 선한 과보를 받
는다. 악한 행위를 하면 악한 과보를 받는다. 과거
에 잘못된 행위를 했더라도 현재 선한 행위를 하면
새로운 선업의 과보를 받는다. 과거에 선한 행위를
했더라도 현재 악한 행위를 하면 새로운 악업의 과
보를 받는다. 누구도 자신의 삶을 운명에 맡겨서는
안 된다. 수행자가 업에 의지하는 것은 과거의 원인
으로 인해 생긴 현재를 있는 그대로 수용하기 위해
서다. 또 현재를 있는 그대로 알아차려서 새로운 선
한 원인을 만들기 위함이다.

생각은 무슨 일이나 빠르게 반응하여 좋다거나 싫다는 결론을 내린다. 생각으로 판단할 때는 사실을 있는 그대로 볼 겨를이 없다. 좋다고 판단할 때는 조건 없이 움켜쥐고, 싫다고 판단할 때는 무조건 배척한다. 좋을 때 움켜쥐면 욕망으로 인해 위험이 따르고, 싫다고 배척하면 성냄으로 인해 괴로움에 빠진다. 막연한 생각으로 인해 위험도 자신이 만들고, 괴로움도 자신이 만든다. 생각은 단지 자신의 판단일 뿐임으로 있는 그대로의 진실과는 다르다. 수행은 대상을 있는 그대로 알아차려서 생각을 멈추게 한다. 생각이 멈추면 단지 대상과 아는 마음만 있어 고요함을 얻는다. 생각을 끊고 대상을 직관할 때만이 번뇌에 물들지 않는다.

143

불교는 괴로움만을 말하지 않는다. 괴로움을 해결하는 방법을 말한다. 괴로움을 해결하는 가장 현실적인 방법은 먼저 괴로움이 있다는 사실을 인정하는 것이다. 괴로움이 있다는 사실을 외면하면 괴로움의 잠재적 성향이 더 커진다. 괴로움이 있다는 사실을 인정하면 괴로움의 원인이 욕망과 집착 때문이라고 아는 지혜가 난다. 즐겁기 때문에 괴롭지 않다고 하더라도 괴로움은 항상 잠재되어 있다. 오히려 즐거움이 욕망을 유발하여 괴로움의 요소로 작용한다. 즐겁지도 괴롭지도 않을 때는 무지한 상태라서 더 깊은 괴로움의 수렁에 빠지기 마련이다. 존재한다는 것은 불가피 괴로움을 수반하기 때문에 모든 것이 알아차릴 대상이다.

144

자신이 처한 어려움을 극복하기 위해 바른 노력을 하면 선업의 과보가 영향을 미친다. 자신이 처한 어려움을 극복하기 위해 바른 노력을 하지 않으면 악업의 과보가 영향을 미친다. 선업의 과보를 받는 것이나 악업의 과보를 받는 것이나 스스로 선택한다.

145

무거운 어둠이 가고 아침이 밝아도 내 마음이 어두우면 아침은 오지 않았다. 추운 겨울이 지나고 아름다운 꽃이 피어도 내 마음이 괴로우면 꽃은 피지 않았다. 있는 마음을 있는 그대로 알아차려야 새로운 마음이 일어나 지나간 마음에 사로잡히지 않는다. 어두운 마음은 어두운 마음이라고 알아차리고, 아침이 왔으면 아침을 맞이한 마음을 알아차려야 한다. 겨울처럼 얼어붙은 괴로운 마음은 괴로운 마음이라고 알아차리고, 봄이 되어 꽃을 볼 때는 꽃을 보는 마음을 알아차려야 한다. 마음은 매순간 일어나고 사라지면서 연속된다. 지금 현재를 아는 마음을 있는 그대로 알아차리면 지나간 마음은 사라지고 새로운 마음이 일어난다.

146

화를 내는 것은 자기가 좋아서 낸다. 미워하는 것
도 자기가 좋아서 한다. 누구나 좋아서 하지 싫으면
하지 않는다. 좋지 않은 것을 좋아하는 것은 욕망과
어리석음 때문이다. 수행은 좋은 것이나 좋지 않는
것이나 똑같이 알아차릴 대상으로 삼는다.

147

탐욕으로 인해 괴로움이 일어나고 괴로움으로 인해
두려움이 생긴다. 탐욕을 여읠 때만이 괴로움이 소
멸하고 더불어 두려움이 소멸한다. 괴로움이 두려
움으로 커진 뒤에 슬픔에 이르면 비탄에 빠져 자멸
한다. 모든 고통은 매우 작은 욕망으로부터 시작되
어 결국에는 큰 바다에 이른다. 비탄에 빠져 처참한
상황에 이르지 않기 위해서는 시작부터 끝까지 모
든 과정을 있는 그대로 알아차려야 한다. 탐욕이 일
어났을 때는 탐욕이 일어난 것을 알아차리고, 괴로
울 때는 괴로운 것을 알아차리고, 두려울 때는 두려
운 것을 알아차려야 한다. 슬플 때는 슬픈 것을 알
아차리고, 비탄에 빠져 헤어나지 못할 때도 비탄에
빠진 것을 알아차려야 한다.

나쁜 기억은 나를 죽이고, 좋은 기억은 나를 살린
다. 나쁜 기억은 나를 불행하게 하고, 좋은 기억은
나를 행복하게 한다. 나쁜 기억을 잊지 않는 것은
어리석음이고, 좋은 기억을 잊지 않는 것은 지혜다.
나쁜 기억은 욕심을 부리고 화를 내는 것을 잊지 않
는다. 좋은 기억은 관용과 자애를 잊지 않는다. 가
장 최상의 기억은 알아차리는 것을 잊지 않는다. 나
쁜 기억도 알아차릴 대상이고, 좋은 기억도 알아차
릴 대상이다. 나쁜 기억은 알아차려서 소멸시키고,
좋은 기억은 알아차려서 계승해야 한다. 알아차림
을 잊지 않을 때 지혜가 계발되어 번뇌가 소멸한 행
복이 있다. 나쁜 기억은 나를 병들게 하고, 좋은 기
억은 나를 소생하게 한다.

옹달샘

6

•

•

•

이미 지나간 과거에 매달리는 것은

철이 지난 옷을 입고 있는 것과 같다.
아직 오지 않은 미래에 매달리는 것은 철 이른 옷을 입고 있는 것과 같다.
현재를 알아차릴 때만이 제철에 맞는 옷을 입는 것과 같다.

149

세상을 보는 자기 마음에 따라 세상의 모습이 다르게 보인다. 내 마음이 선하면 세상이 선하게 보이고, 내 마음이 악하면 세상이 악하게 보인다. 내 마음이 아름다우면 세상이 아름답게 보이고, 내 마음이 추하면 세상이 추하게 보인다. 세상은 내 마음을 비추는 거울이다.

150

이기심을 알아차리면 이타심이 생겨 욕망으로부터 자유로워진다. 미움을 알아차리면 자애가 생기고, 악한 의도를 알아차리면 선한 의도가 생겨 성냄으로부터 자유로워진다. 잔인함을 알아차리면 동정심이 생겨 해로움으로부터 자유로워진다. 이렇게 알아차릴 때 바르지 못한 사유에서 바른 사유를 할 수 있다.

151

아침에 눈을 뜨면 어둠을 밝힌 아침 햇살에 미소를 지으십시오. 미소는 괴로움을 여의고 두려움에서 벗어나게 합니다. 창밖에 있는 하늘을 보고 미소를 지으십시오. 미소를 지어서 괴롭지 않은 것이 행복입니다. 괴로움이 있다고 하더라도 오늘 하루를 보낼 수 있는 것에 감사해야 합니다. 괴로움으로 인해 아침을 맞이하기가 힘들어도 아직 살아서 숨을 쉬고 있는 것은 기쁜 일입니다. 죽지 않고 살아있기 때문에 좋은 때를 맞이할 기회가 있습니다. 지난날 괴롭지 않았던 때가 있었던 것처럼 오늘의 괴로움도 흔적조차 남기지 않을 것입니다. 지금은 아침 햇살을 향해 미소를 지은 뒤에 조용히 일어나고 꺼지는 호흡을 알아차릴 때입니다.

152

과거는 이미 지나간 일이다. 과거는 버릴 수 없지
만 그렇다고 집착할 필요도 없다. 눈물 젖은 추억이
든 환희에 찬 추억이든 이미 지나간 일은 단지 기억
이다. 과거는 현재가 있도록 한 원인의 의미가 있을
뿐 실재하지 않는다. 이런 과거를 집착하는 것은 관
념에 빠진 것으로 현실적이지 못하다. 과거를 단지
과거로 분리해서 알아차릴 때 튼실한 현재가 있다.
미래는 아직 오지 않았다. 미래를 생각하지 않을 수
없지만 그렇다고 걱정할 필요도 없다. 두려운 미래
든 희망에 찬 미래든 아직 오지 않은 미래는 단지
생각이다. 미래는 현재가 연장된 원인과 결과가 있
을 뿐 실재하지 않는다. 현재를 알아차릴 때만이 튼
실한 미래가 있다.

153

남을 위해 선한 일을 하면 선한 과보를 받는다. 그
렇다고 모두가 선한 과보를 누릴 수 있는 것은 아니
다. 선한 일을 하고 바라거나 후회하지 않아야 공덕
의 과보가 크다. 선한 일을 하고 바라거나 후회하면
반쪽짜리 과보가 된다. 그러므로 남을 위해 보시를
하고 바라거나 후회해서는 안 된다. 보시를 하면 공
덕의 과보를 받지만 바라거나 후회하면 받은 과보
를 누리지 못한다. 보시를 한 뒤에 바라는 것이 없
고 후회하지 않으면 공덕의 과보도 받고 자신이 과
보를 누릴 수도 있다. 선한 과보를 받고도 누리지
못한다면 과보를 받은 것이라고 보기 어렵다. 받은
과보를 온전하게 누릴 수 있을 때라야 비로소 선한
과보라고 할 수 있다.

154

사람들은 좋은 것을 찾아 세상을 헤맨다. 그러나 좋은 것을 얻었다고 해도 이내 더 좋은 것을 찾아 떠난다. 끝없는 유랑은 이번 생에 그치지 않고 다음 생까지 또 다음 생까지 계속된다. 하지만 끝없이 찾아 헤매어도 결코 좋은 것을 얻지 못한다. 사람들이 찾아 헤매는 좋은 것이란 무엇인가? 그것은 감각적 욕망일 수도 있고 진실일 수도 있다. 사람들이 찾는 좋은 것이 무엇이 되었든 그것은 밖에 있지 않다. 오직 자신의 몸과 마음에 있다. 몸과 마음을 알아차려서 청정할 때만이 욕망에 가려진 진실을 볼 수 있다. 가장 좋은 것은 몸과 마음을 있는 그대로 알아차려서 주어진 현실을 수용하는 것이다. 이것이 새로운 세상을 여는 힘이다.

평소에 선한 일을 많이 한 사람이 잘못을 저질렀을 때는 선한 과보에 묻혀 크게 허물이 되지 않는다. 하지만 평소에 선하지 못한 일을 많이 한 사람은 사소한 잘못도 두드러지게 나타나 큰 허물이 된다. 같은 잘못이라도 사람이 가지고 있는 기본 마음가짐에 따라 나타나는 결과가 다르다. 선한 일을 많이 한 사람은 선한 물결의 흐름을 타고 있기 때문에 약간의 잘못이 있더라도 선한 물결의 흐름을 거스르지 못한다. 하지만 선하지 못한 일을 많이 한 사람은 나쁜 물결의 흐름을 타고 있기 때문에 약간의 잘못도 나쁜 쪽으로 힘을 보탠다. 자신의 내면에서 선한 물결이 계속 흐르도록 하기 위해서는 보시와 지계와 수행을 해야 한다.

156

선한마음이나 선하지 못한 마음은 여러 가지의 요
소들이 결합하여 일어난다. 선한마음은 관용과 자
애와 지혜의 요소들이 결합하여 일어난다. 선하지
못한 마음은 탐욕과 성냄과 어리석음의 요소들이
결합하여 일어난다. 탐욕은 사견과 자만의 요소들
로 결합되어 있다. 성냄은 질투와 인색과 후회의 요
소들로 결합되어 있다. 어리석음은 양심 없음과 수
치심 없음과 들뜸의 요소들로 결합되어 있다. 알아
차림이 있으면 선한 마음의 요소들이 결합하여 함
께 일어난다. 알아차림이 없으면 선하지 못한 마음
의 요소들이 결합하여 함께 일어난다. 알아차림은
선한 마음이 일어나게 하고, 선하지 못한 마음이 일
어나지 않게 하는 가장 선한 행위다.

어리석으면 형틀에 매인 죄수처럼 괴로운 삶을 어
떻게 할 수 없어 생명을 끌고 간다. 사는 것이 고통
스러워 좌절하지만 괴로움을 벗어나는 출구를 몰라
계속 무거운 형틀을 매고 한발씩 발걸음을 옮긴다.
괴로움을 벗어나는 출구는 단 한 가지다. 먼저 괴로
움을 있는 그대로 알아차려야 한다. 괴로움을 있는
그대로 알아차리면 괴로움을 일으킨 원인이 욕망이
라는 사실을 아는 지혜가 난다. 그리고 이 괴로움이
나의 괴로움이 아니고 단지 일어나고 사라지는 느
낌이라고 아는 지혜가 난다. 그래야 무거운 형틀에
서 벗어나 해탈의 자유를 얻는다. 이런 지혜를 얻으
려면 먼저 지금 여기에 있는 몸과 마음을 알아차려
서 고요함을 얻어야 한다.

158

탐욕은 욕망을 지피는 불이다. 성냄은 몸과 마음을 태우는 불이다. 어리석음은 탐욕과 성냄을 지피는 불이다. 세 개의 불은 자신을 불태우고 온 세상을 불태운다. 세 개의 불이 진실을 불사르면 법을 볼 수 없다.

159

누구나 즐길 거리를 찾는다. 세간의 즐길 거리는 감각적 욕망이다. 출세간의 즐길 거리는 알아차려서 지혜를 얻는 것이다. 감각적 욕망을 즐기면 집착을 하여 괴로움을 겪는다. 그래서 괴로움의 악순환에서 벗어나지 못한다. 이것이 윤회의 순환방식이다. 출세간의 즐길 거리는 수행이다. 그러나 수행을 한다고 해서 모든 것이 일시에 해결되지 않는다. 오랫동안에 지속되어온 축적된 성향은 한순간에 바뀌지 않는다. 수행은 자신에게 이러한 성향이 있다는 것을 아는 것으로부터 출발한다. 자신의 몸과 마음을 계속해서 알아차리면 무상, 고, 무아를 아는 새로운 성향이 생겨 바른 가치관을 정립한다. 이것이 윤회에서 벗어나는 유일한 길이다.

160

이미 지나간 과거에 매달리는 것은 철이 지난 옷을 입고 있는 것과 같다. 아직 오지 않은 미래에 매달리는 것은 철 이른 옷을 입고 있는 것과 같다. 현재를 알아차릴 때만이 제철에 맞는 옷을 입는 것과 같다.

161

일상의 괴로움에 감사하라. 괴로움이 있어 교만하지 않고 겸손할 수 있다. 작은 괴로움에 감사하라. 사소한 괴로움이 있어 심각한 괴로움을 잊고 산다. 괴로움 때문에 좌절하면 괴로움을 극복할 수 없다. 괴로움 덕분에 희망을 찾아야 괴로움을 극복할 수 있다. 괴로움은 원인이 있어서 생긴 결과다. 결과를 있는 그대로 알아차리면 괴롭지 않은 새로운 결과가 생긴다. 괴로움은 와서 보라고 나타난 법이다. 괴로움의 이익에 감사할 때 괴로움이 소멸된다.

162

인생은 현재의 한순간이 끊임없이 연속되면서 흐른다. 이것은 마치 자동차가 굴러갈 때 바퀴가 땅바닥의 한 지점과 맞닿으면서 굴러가는 것과 같다. 자동차가 아무리 빠르게 굴러가도 바닥에 닿는 곳은 언제나 바퀴의 한 지점이다. 이때 바퀴의 한 지점이 인생의 한순간이며 한 생각이다. 그러므로 실재하는 진실은 현재의 한순간의 한 생각에 있다. 문제가 있어도 현재의 한순간의 한 생각에 있고, 문제를 해결하는 방법도 현재의 한순간의 한 생각에 있다. 수행자는 현재의 한순간과 한 생각에 머물러야 과거나 미래가 아닌 실재하는 진실을 안다. 그러려면 지금 이 순간을 아는 현재의 마음을 알아차린 뒤에 호흡을 알아차려야 한다.

느낌을 원인으로 갈애가 일어난다. 이때의 갈애는
대상을 소유하기 위해 어둠속에서 더듬는 것과 같
다. 갈애를 원인으로 집착이 일어난다. 이때의 집착
은 더듬은 뒤에 손으로 움켜쥐는 것과 같다. 갈애는
세 가지가 있는데 감각적 욕망에 대한 갈애, 존재에
대한 갈애, 비존재에 대한 갈애가 있다. 집착은 네
가지가 있는데 감각적 욕망에 대한 집착, 견해에 대
한 집착, 계율과 의식에 대한 집착, 유신견에 대한
집착이 있다. 느낌을 원인으로 시작된 갈애와 집착
은 모두 어리석어서 일어난다. 그리고 내가 있다는
잘못된 견해 때문에 일어난다. 모든 어리석음에는
항상 자아가 도사리고 있어 괴로움뿐인 갈애와 집
착을 강력하게 일으킨다.

164

수행은 없는 것을 찾지 않는다. 수행은 자신의 내면에 있는 선한 성품을 확인하고 계발하는 행위다. 그러기 위해서는 자신의 몸과 마음을 있는 그대로 알아차려야 한다. 선한 성품을 확인하고 계발하면 자연스럽게 악한 성품이 소멸한다.

165

사람들은 저마다의 생각을 가지고 산다. 이 생각은 자신의 축적된 성향에 의해 지배를 받는다. 같이 모여 같은 일을 한다고 해서 모두 같은 마음으로 하는 것이 아니다. 같이 모여 있다는 것은 겉으로 드러난 모양만 같을 뿐 모여 있는 사람의 마음은 모두 다르다. 생각이란 원래 이런 것이라서 믿을 것이 못된다. 생각은 언제 어떻게 바뀔지 자신도 모르고 누구도 모른다. 이처럼 생각은 조건에 의해 일어나고 사라지면서 상황에 따라 굴절되기 때문에 예측하기 어렵다. 수행은 이런 뜬 구름 같은 생각을 정화하는 작용을 한다. 몸과 마음을 대상으로 알아차리면 대상과 아는 마음만 있기 때문에 생각이 일어나지 않아 고요함이 생긴다.

166

진리를 아는 자는 순수한 미소를 짓는다. 순수한 미소에는 충만한 사랑이 있다. 충만한 사랑에는 두려움이 없다. 두려움이 없으면 괴로움이 없다. 진리를 아는 자는 환희에 차 크게 웃지 않는다. 오직 조용히 미소를 지을 뿐이다.

167

오늘의 괴로움이 내일의 행복이 되려면 바른 마음을 가져야 한다. 마음가짐이 바르면 어떤 고난도 행복으로 바뀐다. 오늘의 괴로움이 내일의 절망이 되는 것은 마음이 바르지 못하기 때문이다. 마음가짐이 바르지 못하면 고난이 절망으로 바뀐다. 괴로움은 미래의 행복이 될 수도 있으며 더 큰 불행이 될수도 있다. 두 가지 변화의 결과는 오직 현재의 마음가짐으로 결정된다. 바른 마음가짐은 괴로움을 지혜로 보아 상황을 반전시킨다. 바르지 못한 마음가짐은 괴로움을 어리석음으로 보아 상황을 악화시킨다.

168

수행은 세 가지 과정을 거치면서 성숙한다. 첫째, 대상을 알아차림으로써 생각과 말과 행동이 절제되어 계율을 지킨다. 둘째, 알아차림이 지속되면 마음이 고요해지는 집중력을 얻는다. 셋째, 고요한 마음의 집중에 의해 무상, 고, 무아를 아는 지혜가 난다. 이러한 통찰지혜가 날 때만이 욕망이 끊어진 열반을 성취한다. 이상의 세 가지 과정에 의해 궁극의 해탈에 이른다.

169

자기 견해가 분명하지만 남의 견해를 배척하면 자아가 강한 사람이다. 자아가 강한 사람의 견해는 바른 견해가 아니다. 자아를 가지고 보면 사물을 자기 식으로 판단해서 객관성이 없다. 자기 견해가 분명하지만 상대의 견해를 존중하면 지혜가 있는 사람이다. 자기 견해만 주장하지 않고 상대의 견해도 배려해야 바른 견해를 가질 수 있다. 자아를 갖지 않고 오직 대상을 있는 그대로 알아차릴 때 사물을 바르게 판단할 수 있다.

170

세간에서는 내가 있다. 그러므로 모든 것을 자기중심으로 생각한다. 내가 있기 때문에 네가 있다. 내가 있어 너와 하나가 될 수 없다. 나의 행복을 위해 너를 무시해야 한다. 내가 있으면 너보다 우월해야 한다. 이런 경쟁은 투쟁이 되어 진정한 평화가 이루어질 수 없다. 자아는 모든 괴로움의 원인이다. 출세간에서는 내가 없다. 그러므로 모든 것을 자기중심으로 생각하지 않는다. 내가 없기 때문에 네가 없다. 내가 없어 너와 하나가 될 수 있다. 나의 행복을 위해 너를 무시할 필요가 없다. 내가 없으면 너보다 우월하지 않아도 된다. 나와 네가 없으면 서로 투쟁을 할 필요가 없어 진정한 평화가 이루진다. 무아는 모든 행복의 근원이다.

171

남이 나를 이해해주기를 바라지마라. 내가 나를 이해해야 한다. 그래야 내가 남도 이해할 수 있다. 그렇지 않으면 이해가 성립될 수 없다. 이해는 관용이며 지혜다. 이해를 해야 편견이 없는 사랑을 해 평화와 행복을 얻을 수 있다.

172

사람은 눈을 뜨면서부터 누군가를 만나고 산다. 직접 만나지 않으면 생각으로 만나기도 한다. 만나고 싶어서 만나기도 하고 만나고 싶지 않아도 만난다. 그러나 가장 중요한 만남은 잊어버리고 산다. 가장 소중한 만남은 자신과의 만남이다. 자신과의 만남은 자신의 몸과 마음을 알아차리는 것이다. 자신과의 만남이 있어야 내면의 고요함이 생겨 지혜를 얻는다. 자신과의 만남 없이는 어떤 행복도 얻을 수 없다. 자신과의 만남이 없으면 얻은 행복을 지속시킬 수 없다.

173

탐욕은 번뇌를 일으키는 불행의 씨앗이다. 탐욕으로 얻은 행복은 겉모양이고 내면에는 불행이 자란다. 탐욕은 괴로움을 상속하는 윤회의 원인이다. 탐욕으로 인해 미래생의 괴로움이 시작된다. 탐욕의 소멸은 불행의 소멸이다. 탐욕이 사라진 자리에 행복이 깃든다. 탐욕이 소멸하면 성냄과 어리석음이 함께 소멸한다. 탐욕의 소멸은 윤회의 끝이다. 윤회가 끝나면 괴로움뿐인 태어남이 없다. 내가 있어 탐욕을 부리지만 '나' 라고 하는 실체는 없다. 탐욕을 소멸시키기 위해서는 탐욕이 있는 마음을 알아차려야 한다. 그러면 탐욕이 어리석음 때문에 일어난 것을 아는 지혜가 생긴다. 이런 지혜가 날 때만이 불행의 씨앗인 탐욕이 제거된다.

174

좋은 것이 있어도 내가 좋아야 좋은 것이다. 좋은 것이 있어도 내가 싫으면 그만이다. 그래서 좋은 것이 있으면 움켜쥐고 싫은 것이 있으면 배척한다. 이런 나는 불완전한 사람이라서 좋고 싫은 것에 대한 진정한 가치를 판단할 지혜가 없다. 나는 내가 가진 고정관념의 기준으로 판단한다. 이런 고정관념은 오랜 세월동안 어리석음 속에서 만들어진 정보다. 그렇기 때문에 나는 세간의 감각적 욕망을 쫓는 범부로 살아간다. 이렇게 자기감정에 충실한 사람이 어떻게 해탈의 자유를 누릴 수 있겠는가? 수행자는 좋아할 때 좋아는 것을 알아차리고 싫어할 때 싫어하는 것을 알아차려야 한다. 좋고 싫음에서 벗어나야 진실을 보는 힘이 생긴다.

인생의 긴 여정에서 진실을 몰라 방황하는 자는 항상 돌아갈 곳을 찾는다. 방황하는 자가 돌아갈 곳은 욕망의 집이다. 욕망의 집에 살면 나고 죽는 끝없는 윤회를 한다. 방황하는 자의 안식은 결코 달콤한 것이 아니다. 단지 새로운 욕망을 위해 잠시 머무는 것일 뿐이다. 돌아갈 곳이 있다는 것은 새로운 괴로움의 시작이다. 인생의 긴 여정에서 진실을 알아 방황이 끝난 자는 돌아갈 곳을 찾지 않는다. 방황이 끝나면 욕망이 사라져 돌아갈 곳이 없다. 돌아갈 원인이 사라지면 돌아가는 결과가 없어 윤회가 끝난다. 다시 태어나서 행복을 얻는다 해도 행복은 이내 사라져 괴롭기 마련이다. 돌아갈 곳이 없는 여정이 가장 값진 안식이다.

176

인간이 동물이 될 수도 있고, 동물이 인간이 될 수도 있다. 그러나 인간이 동물이 된 것이 아니고, 동물이 인간이 된 것이 아니다. 인간이 죽으면 인간으로서의 역할은 끝나고, 자신이 한 업에 따라 동물이 된다. 동물이 죽으면 동물로서의 역할은 끝나고, 자신이 한 업에 따라 인간이 된다. 모든 생명은 지옥, 축생, 아귀, 아수라, 인간, 욕계, 색계, 무색계의 잠재적 성향을 가지고 있다. 현재 인간의 몸과 마음을 가지고 있지만 인간이 지옥의 마음이나 동물의 마음을 가질 수도 있고, 천상의 마음을 가질 수도 있다. 인간이 지옥의 마음이나 동물의 마음을 많이 가지면 현재도 지옥이나 동물로 살며 미래에 지옥에 떨어지거나 동물로 태어난다.

옹달샘

7

●

●

●

즐겁기를 바라기 때문에

무료함을 견디지 못한다.
무료함이 우울하게 하여 괴로움을 겪는다.
항상 즐겁기를 바라는 것은 감각적 쾌락이다.
즐겁지 못하더라도 마음의 고요함을 찾아야 한다.
마음의 고요함을 즐거움으로 아는 것이 지혜다.

얻었다고 다 얻은 것이 아니다. 얻고 나서 자기만족
에 취하면 더 많은 것을 잃는다. 잃었다고 다 잃은
것이 아니다. 잃고 나서 있는 그대로 알아차리면 더
많은 것을 얻는다. 세상을 살면서 얻거나 잃는 것은
일상의 일이다. 얻거나 잃었다고 해서 모두 끝난 것
이 아니다. 모든 것은 끊임없이 일어나고 사라지면
서 지속된다. 좋게 일어난 것이 좋게 사라질 수도
있고, 나쁘게 사라질 수도 있다. 나쁘게 일어난 것
이 좋게 사라질 수도 있고, 나쁘게 사라질 수도 있
다. 일어남도 좋아야 하지만 사라짐도 좋아야 한다.
얻거나 잃는 것이 중요한 것이 아니다. 얻거나 잃고
나서 어떤 마음가짐을 갖느냐가 중요하다. 마음이
모든 것을 이끈다.

178

사랑은 사랑을 자양분으로 삼아 더 커진다. 사랑하는 사람은 사랑하는 것을 즐긴다. 사랑은 베푸는 마음으로 인해서 생긴 만족함이다. 사랑은 자신을 소생하게 하는 지혜다. 성냄은 성냄을 자양분으로 삼아 더 커진다. 성내는 사람은 성내는 것을 즐긴다. 성냄은 욕망이 충족되지 않아서 생긴 불만족이다. 성냄은 자신을 불태우는 어리석음이다.

179

세상이 수상해서 보니 정작 수상한 것은 내 마음이다. 세상은 세상의 이치로 돌아가는데 공연히 내 마음이 흔들려 혼란을 겪는다. 세상이 수상해도 내 마음이 수상하지 않으면 괴로움에 빠지지 않는다. 세상이 수상하지 않아도 내 마음이 수상하면 괴로움에 빠진다. 모든 것들은 저마다의 이치로 끊임없이 돌아간다. 수상한 것은 세상이 아니고 언제나 내 마음이다.

180

사랑할 때 사랑하는 마음만 있지 않다. 사랑을 집착하면 미워하는 마음도 함께 있다.

181

즐거울 때는 인생이 너무 짧고, 괴로울 때는 인생이 너무 길다. 인생은 있는 그대로의 세월이지만 내 마음에 따라 짧거나 길다. 관념으로 본 인생은 짧거나 길다. 실재하는 인생은 매순간 일어나고 사라진다. 생명은 호흡과 호흡 사이에 있다. 들숨은 새로운 생명의 태어남이고, 날숨은 태어난 생명의 죽음이다. 날숨을 내쉰 후 다시 들숨이 일어나지 않으면 인생이 끝난다. 인생의 기본은 한순간의 호흡의 일어남과 사라짐에 있다. 다만 과보에 따라 일어남과 사라짐이 지속되다가 때가 되면 그마저도 끝난다. 백년을 산다고 해도 매순간 태어나고 죽으며, 하루를 산다고 해도 매순간 태어나고 죽는다. 인생은 한순간의 연속이라서 무상하다.

후회하면서 같은 일을 되풀이 하는 것은 감각적 욕망을 가지고 있기 때문이다. 어리석으면 감각적 욕망의 지배를 받아 이성적인 판단을 할 수 없다. 하지 않겠다고 하고 같은 일을 되풀이 하는 것은 생각으로 다짐했기 때문이다. 마음은 매순간 변하기 때문에 생각으로 한 것은 완전하지 않다. 지혜가 나서 대상의 본질을 분명하게 알았을 때만이 완전하다. 모르는 것은 어리석음이고 아는 것은 지혜다. 모를 때는 어둠에 있는 것과 같아서 잘못된 것을 붙잡는다. 알 때는 밝은 곳에서 분명하게 보는 것과 같아서 잘못된 것을 끊는다. 안다고 해도 생각으로 알면 아직 모르는 것과 같다. 지혜로 알았을 때만이 완전하게 알아 잘못을 끊는다.

내가 원하는 것을 얻었을 때는 즐거움으로 인해 자기도취에 빠진다. 내가 원하는 것을 얻지 못했을 때는 괴로움으로 인해 자기비하를 한다. 자기도취에 빠지거나 자기비하를 하는 것은 바른 자세가 아니다. 세상의 일은 내가 원한다고 얻을 수 있는 것이 아니다. 원하지 않아도 불가피 받을 수밖에 없다. 즐거울 때는 즐거운 것을 알아차려야 한다. 괴로울 때는 괴로운 것을 알아차려야 한다. 무엇이나 있는 그대로 알아차리면 평등한 마음으로 보게 된다. 원하는 것을 얻었을 때도 단지 올 것이 온 것으로 알아야 한다. 원하는 것을 얻지 못했을 때도 단지 올 것이 온 것으로 알아야 한다. 이것이 깨끗한 행복을 얻는 가장 확실한 방법이다.

184

사는 것이 괴로움인 것은 사는 동안 끊임없이 갈등
이 일어나기 때문이다. 누구나 자기 자신과의 갈등
이 일어나며 또 남과의 갈등이 일어난다. 갈등의 원
인은 욕망이다. 욕망의 원인은 자아다. 자아로 인해
욕망을 가지고 있는 한 괴로움에서 벗어날 수 없다.
수행자가 자신의 몸과 마음을 알아차리면 그 순간
에는 자아가 없어 욕망이 소멸한다. 오직 이때만이
갈등이 없는 청정한 상태가 된다. 갈등을 해결하기
위해 다른 곳에서 다른 것을 구하지 마라. 오직 갈
등을 겪고 있는 자신의 몸과 마음을 알아차려서 통
찰지혜로 해결해야 한다. 문제의 답은 밖에 있지 않
다. 언제나 자신의 몸과 마음을 알아차려서 스스로
지혜를 얻는 것에 있다.

불완전한 것을 알아차리는 것이 완전을 향하는 길
이다. 불완전한 것 없이 완전한 것은 없다. 불완전
한 것은 불완전한 세계의 질서다. 불완전한 것은 알
아차릴 대상이라서 법이다. 불완전을 배척하면 완
전한 것이 이루어지지 않는다. 불완전한 것을 있는
그대로 알아차리면 불완전을 뛰어넘는 혜안이 열린
다. 세간을 알아차리는 것이 출세간을 향하는 길이
다. 세간 없이 출세간은 없다. 세간은 세간의 질서
가 있다. 세간은 알아차릴 대상이라서 법이다. 세간
을 배척하면 출세간이 이루어지지 않는다. 세간을
있는 그대로 알아차리면 세간을 뛰어넘는 혜안이
열린다. 모든 것은 저마다의 조건에 의해 일어났으
므로 있는 그대로 알아차려야 한다.

186

즐겁기를 바라기 때문에 무료함을 견디지 못한다. 무료함이 우울하게 하여 괴로움을 겪는다. 항상 즐겁기를 바라는 것은 감각적 쾌락이다. 즐겁지 못하더라도 마음의 고요함을 찾아야 한다. 마음의 고요함을 즐거움으로 아는 것이 지혜다.

187

남이 잘되기를 바라야 내가 잘된다. 남이 잘못되기를 바라면 내가 잘못된다. 남이 잘되기를 바라는 순간에 선한 마음이 있어 선한 과보를 받는다. 남이 잘못되기를 바라는 순간에 선하지 못한 마음이 있어 선하지 못한 과보를 받는다. 남이 잘되기를 바랐기 때문에 내가 잘되는 것은 이치에 맞는 일이다. 남이 잘못되기를 바랐는데도 내가 잘되는 것은 이치에 맞지 않는 일이다. 나의 행복과 불행은 우연히 오는 것이 아니고 모두 이러한 조건에 의해서 생긴다. 남이 잘되기를 바랐을 때도 그 마음을 알아차려서 욕망이 생기지 않도록 해야 한다. 남이 잘못되기를 바랐을 때도 그 마음을 알아차려서 이기심이 사라지도록 해야 한다.

마음은 있지만 내 마음이 아니다. 다만 순간에서 일어나서 순간에 사라지는 마음만 있다. 마음은 조건에 의해 일어나고 사라지기 때문에 내 마음대로 할 수 없다. 순간에 일어난 생각은 일어난 즉시 사라지지만 기억이 다음 생각까지 이어준다. 하지만 순간에 일어난 생각이 반드시 다음까지 지속된다는 보장은 없다. 다음 순간은 새로운 조건이기 때문에 새로운 마음이 일어난다. 조금 전의 마음과 현재의 마음이 다르며, 현재의 마음과 조금 후의 마음이 다르다. 순간순간의 마음이 서로 다르기 때문에 조금 전의 생각이 현재의 생각과 같지 않다. 현재의 생각이 조금 후의 생각과 같지 않아서 마음은 무상하고 괴로움이며 무아다.

잘못된 견해를 가지면 꿈속에서 산다. 내가 있다는 견해와, 모든 것은 항상 하다는 견해와, 모든 것은 한번으로 끝이라는 견해를 가지면 꿈속에서 사는 사람이다. 바른 견해를 가지고 있으면 꿈을 깬 사람이다. 자아가 없다는 무아의 견해와, 세상은 항상하지 않고 변한다는 견해와, 모든 것은 한번으로 그치지 않고 원인과 결과로 지속된다는 견해가 있으면 꿈을 깬 사람이다. 꿈속에 있는 사람은 바른 분별을 못해 괴로움에서 벗어나지 못한다. 꿈을 깬 사람은 바른 분별을 해 괴로움에서 벗어난다. 꿈속에 있는 사람은 꿈을 깬 세상을 몰라 바른 것을 배척한다. 꿈을 깬 사람은 꿈속에 있는 어리석음을 알아 항상 바른 것을 선택한다.

190

돈으로 법을 살 수 없다. 하지만 법을 위해 돈을 사용하면 지혜로운 마음을 얻는다. 돈은 번뇌의 원인이기도 하고 선한 마음을 내는 자원이기도 하다. 돈은 선하지 못한 속성과 선한 속성을 함께 가지고 있다. 돈이 나를 죽이기도 하고 살리기도 한다. 돈이 선한 속성을 갖도록 하려면 선한 일을 위해 써야 한다. 이것이 자신도 살리고 남도 살리는 지혜로운 길이다.

사람의 마음을 믿지 마라. 마음은 매순간 조건에 의
해 빠르게 변한다. 사람의 마음을 불신하지 마라.
마음은 원래 빠르게 변하는 연속적 현상만 있다. 무
상한 마음의 성품을 알면 마음으로 인해 상처를 입
지 않는다. 내 마음으로 인해 상처를 입지 않을 때
남의 마음을 이해할 수 있어 괴로움에 빠지지 않는
다. 내가 괴로움에 빠지지 않아야 남에게도 괴로움
을 주지 않는다. 매순간 변하는 마음은 나의 마음이
랄 것도 없고 남의 마음이랄 것도 없다. 누구의 마
음이랄 것도 없이 단지 변하는 마음을 나의 마음이
라고 알면 이기심이 생겨 족쇄에 묶인다. 나의 마음
이라고 알면 남에 대해서도 족쇄로 묶는다. 스스로
이런 족쇄를 풀어야 한다.

192

갈 곳이 아니면 가지 말아야 한다. 만나지 말아야 할 사람은 만나지 말아야 한다. 말하지 말아야 할 때는 말하지 말아야 한다. 해서는 안 되는 행동은 하지 말아야 한다. 불가피 가야할 때는 알아차려야 한다. 불가피 만나야할 때는 알아차려야 한다. 불가 피 말해야할 때는 알아차려야 한다. 불가피 행동해 야할 때는 알아차려야 한다. 수행자는 번뇌를 일으 킬만한 일을 삼가는 것이 좋다. 어쩔 수 없는 상황 에서 불가피 했을 경우에는 알아차려서 번뇌에 휩 쓸리지 않도록 해야 한다. 절제는 도덕적인 기준으 로 계율을 지키는 행위다. 하고 싶은 대로 하면 습 관대로 사는 것이다. 감각적 욕망의 노예로 살면 괴 로움에서 벗어날 수 없다.

수행을 한다고 해서 자신에게 내재해 있는 잠재성 향이 일시에 해결되지 않는다. 오랫동안에 지속되어온 자신의 축적된 성향은 한순간에 바뀌지 않는다. 수행의 시작은 자신에게 이러한 잠재성향이 있는 것을 아는 것으로부터 출발한다. 자신에게 나타난 모든 현상을 지속적으로 알아차리면 지혜가 나 개선될 여지가 있다. 알아차림의 지속으로 나타나는 지혜의 성숙여부에 따라 개선의 여지가 다르다. 알아차림의 지속이 충분하지 못하면 고요함이 없어 통찰지혜가 생기지 않는다. 그러면 잠재성향이 개선될 여지가 적다. 알아차림과 알아차림의 지속이 충분하면 고요함에 의해 통찰지혜가 생겨 잠재성향이 개선될 여지가 많다.

194

먼저 자신의 이익을 위해 자신의 행동을 바르게 해
야 한다. 자신을 위해 바른 행동을 하면 자연스럽게
남을 위해 바르게 행동을 하는 지혜가 생긴다. 자신
의 바른 행동이 원인이 되어 남을 위해 바르게 행동
하는 결과가 생긴다. 세상은 서로의 인연으로 연결
되어 있어서 한사람의 행위로만 그치지 않는다. 나
의 바른 행위가 나를 돕는 것으로 그치지 않고 남을
돕는 행위가 된다. 나의 잘못된 행위가 나의 잘못으
로 그치지 않고 남에게 괴로움을 주는 행위가 된다.
내가 남의 행위는 개입할 수 없지만 자신의 행위에
개입하여 바르게 하면 서로에게 이익이다. 그러므
로 먼저 자신이 할 수 있는 일을 바르게 하는 것이
나와 남을 돕는 일이다.

누구나 잘못하면서 산다. 나나 상대가 한 잘못은 과
연 잘못인가? 자신의 잘못을 알아차리지 못하는 것
이 잘못이다. 잘못을 되풀이 하는 것이 잘못이다.
잘못한 것을 알아차리면 잘못이 아니다. 잘못을 되
풀이 하지 않으면 잘못이 아니다. 잘못을 내가 한
행위나 상대가 한 행위라고 낙인찍지 마라. 잘못은
순간의 마음이 한 것이지 나나 상대가 한 것이 아
니다. 누구나 일어나고 사라지는 순간의 마음이 있
다. 잘못을 알아차리는 새로운 마음이 일어나면 이
미 잘못은 없다. 잘못에 나와 너는 없고 오직 순간
의 마음만 있다. 잘못이 나의 잘못이라고 생각하는
것이 가장 큰 잘못이다. 잘못이 너의 잘못이라고 생
각하는 것이 가장 큰 잘못이다.

196

사람들과 만나고 헤어지는 기쁨과 슬픔은 무상을 알게 하기 위한 조건이다. 오라고 하지 않았는데 와서 기쁘고, 떠나라고 하지 않았는데 떠나서 슬프다. 이것은 모든 사람들과의 관계가 인연에 따라 만났다가 사라지는 것이라는 무상의 법을 보라고 하고 있다. 모든 현상이 일어나고 사라지는 것을 보아 내마음이 편하지 않은 것은 괴로움의 법이 있는 것을 보라고 하고 있다. 변하는 것을 내 마음대로 할 수없고, 괴로움을 내 마음대로 해결할 수 없는 것은 무아의 법을 보라고 하고 있다. 범부는 보라고 나타난 법을 볼 수 없는 어리석음으로 인해 불행하게 산다. 현자는 보라고 나타난 법을 볼 수 있는 지혜로 인해 행복하게 산다.

감각적 욕망을 가지고 사는 한 괴로울 수밖에 없다. 욕망은 아무리 많이 가져도 만족할 수 없다. 괴로움을 대하는 두 가지 유형이 있다. 하나는 괴로움에 저항하여 괴롭지 않으려고 하다가 더 큰 괴로움에 빠지는 경우다. 괴로움에서 벗어나려고 하는 일은 또 다른 괴로움을 만들어 악순환을 거듭한다. 다른 하나는 괴로움을 있는 그대로 알아차려서 괴로움을 만드는 원인을 제거하는 경우다. 괴로움을 있는 그대로 알아차리면 괴로움의 원인이 욕망이라는 것을 알아 악순환을 끊는다. 괴로움을 알아차리지 못하면 더욱 가혹해지는 고통에서 영원히 벗어나지 못한다. 괴로움을 알아차리면 오히려 통찰지혜가 나서 지고의 행복을 얻는다.

198

마음이 모든 것을 이끈다. 의도가 있어서 행위를 하고, 행위를 하면 과보가 남는다. 의도는 뜻이고, 행위는 길을 가는 것이고, 과보는 발자국이다. 이러한 일련의 과정은 일어나서 사라지고 없지만 그 흔적은 마음에 남아 다음 조건을 형성한다. 앞서서 이끄는 마음을 알아차리면 선한 의도가 일어나 선한 길을 가고 선한 과보를 받는다. 앞서서 이끄는 마음을 알아차리지 못하면 선하지 못한 의도가 일어나 선하지 못한 길을 가고 선하지 못한 과보를 받는다. 행복과 불행은 누가 주는 것이 아니고 앞선 마음이 결정한다. 선한 마음이면 그 순간 행복하고 다음에도 행복하다. 선하지 못한 마음이면 그 순간 불행하고 다음에도 불행하다.

남에 의해 길들여진 사람은 자신이 선택하는 것
을 두려워한다. 자신이 선택하면 자신이 책임을 져
야 하기 때문에 결단을 내리지 못한다. 하지만 자신
이 선택하지 못하고 남에 의해 이루어진 일이라도
그 결과는 고스란히 자신이 받을 수밖에 없다. 자신
이 책임을 지지 않으려고 해도 자신의 일은 불가피
책임지지 않을 수 없다. 어차피 자신이 책임을 져
야 한다면 처음부터 자신이 선택해서 하는 것이 좋
다. 그렇지 않으면 자기 자신의 인생을 살지 못하고
남의 인생을 산다. 자신의 인생을 살려면 매사에 자
신이 선택하고 자기가 하는 일에 책임을 져야 한다.
책임을 두려워하면 결코 발전하지 못한다. 인생은
실패 속에서 진실을 찾는다.

200

이익을 얻었을 때 이익으로 인해 어리석음에 빠지
지 않도록 알아차려야 한다. 그래야 한 번의 이익
으로 그치지 않고 더 큰 이익을 얻을 수 있다. 손실
을 입었을 때 손실로 인해 지혜를 얻도록 알아차려
야 한다. 그래야 한 번의 손실로 그쳐 더 큰 손실을
막을 수 있다. 이익을 기뻐하지 말고 손실을 괴로워
하지 마라. 이익이나 손실이나 모두 일어났다가 사
라지는 현상의 하나다. 이익은 이익으로 그치지 않
고 또 다른 결과를 만들 수 있다. 손실은 손실로 그
치지 않고 또 다른 결과를 만들 수 있다. 이익에 취
하면 감각적 욕망에 빠지고 손실을 괴로워하면 성
냄에 빠진다. 모두 알아차릴 대상으로 삼을 때 가장
이상적인 결과를 얻는다.

대상을 하나만 붙잡으면 다른 것을 보지 못한다. 무엇이나 있는 그대로 보면 하나만 있지 않고 모든 것을 다 볼 수 있다. 있는 그대로 보려면 대상을 분리해서 알아차리는 위빠사나 수행을 해야 한다. 이렇게 수행을 할 때 모든 것을 다 볼 수 있는 찰나삼매가 되어 무상, 고, 무아의 법을 본다. 찰나삼매로 법을 볼 때만이 완전한 지혜를 얻어 깨달음에 이른다. 하나에만 집중하는 근본삼매는 고요함에 그친다. 그러나 여러 가지의 대상을 하나가 되지 않고 분리해서 알아차리면 찰나삼매가 되어 사물을 통찰하는 지혜를 얻는다. 오직 지혜로써만이 어리석음에서 벗어나 완전한 자유인이 될 수 있다. 완전한 자유는 통찰지혜로써만이 얻는다.

202

느낌은 매순간 일어나서 사라진다. 괴로운 느낌도 일어난 순간에 사라진다. 괴로운 느낌이 일어나서 사라지면 다음 괴로움은 새로운 것이다. 조금 전의 괴로움과 새로운 괴로움의 내용이 같아도 같은 것이 아니다. 이미 일어난 순간에 사라지고 없는 괴로움이 연속되는 것은 새로운 느낌이라고 아는 무상의 지혜가 없기 때문이다. 새로운 괴로움을 같은 괴로움이라고 알면 괴로움을 떨치지 못하고 스스로 끌고 간다. 일어나서 사라진 괴로움을 끌고 가는 것은 기억이다. 기억은 이미 지나가 버린 실재가 아닌 것을 다시 현재로 끌고 와 실재로 알게 한다. 이때 괴로워하는 마음을 알아차리면 새로운 마음이 일어나 있는 괴로움이 사라진다.

사람들은 오래 동안 착한 일은 힘써 권장하고 악한 일은 마땅히 단죄하는 것을 배우며 살았다. 그래서 잘못한 사람이 마지막에 단죄를 받아 비참하게 몰락하거나 처참하게 죽는 것에 기쁨을 느낀다. 그러나 이 세상은 갈수록 착한 일은 찾아보기 힘들고 악한 일은 더욱 만연해 간다. 이러한 배경에는 악한 자가 단죄를 받아 처참하게 죽는 것에 쾌감을 느끼는 마음이 있다. 권선징악이라는 명분으로 악한 자를 단죄하는 마음에는 악을 즐기는 또 다른 감각적 쾌락이 있다. 악을 단죄하는 것에 쾌감을 느끼는 동안 자신의 내면에 악을 즐기는 마음이 자라고 있다. 이런 마음은 자신도 모르게 스스로를 잔인하게 하여 또 다른 악을 만든다.

204

선한 사람은 악한 사람을 비난한다. 악한 사람은 선한 사람을 비난한다. 비난에는 옳고 그름이 없다. 오직 자기 기준이 아닌 것은 비난의 대상으로 삼는다. 선한 사람은 자신이 선하다는 확신을 가지고 악을 비난한다. 악한 사람은 자신이 악하지 않다는 확신을 가지고 선을 비난한다. 이런 비난에는 똑같이 사회정의라는 명분이 있다. 선이 악을 비난한다면 진정한 선이 아니다. 악이 선을 비난하는 것도 역시 선이 아니다. 옳고 그름을 떠나서 상대를 비난한다면 진정한 선이라고 볼 수 없다. 진정한 선은 악을 대할 때 연민의 마음을 가지고 상대를 비난하지 않아야 한다. 선을 대할 때도 질투심을 가지고 상대를 비난하지 않아야 한다.

모든 일은 일어날만해서 일어난다. 그렇게 될 원인이 없으면 결코 일어나지 않는다. 일어나는 일의 원인은 자신이 제공하고 결과도 자신이 받는다. 자신에게 주어진 일은 어떤 결과라도 겸허하게 받아들여야 한다. 내가 선한 마음을 가지고 선행을 하면 선한 과보를 받는다. 선하지 못한 마음을 가지고 선하지 못한 행위를 하면 선하지 못한 과보를 받는다. 과거에 선하지 못한 마음으로 인해 선하지 못한 과보를 받았지만 현재 선한 마음을 가지면 새로운 선한 과보를 받는다. 자신이 받는 과보를 기꺼이 받아들이는 것이 새로 선한 마음을 내는 것이다. 과거와 상관없이 현재 어떤 마음을 갖느냐에 따라 현재와 미래의 행복이 결정된다.

206

지혜와 어리석음은 나이와 상관없다. 나이가 작아
도 지혜가 있고, 나이가 많아도 어리석다. 지혜는
선한 마음에서 나오고, 어리석음은 선하지 못한 마
음에서 나온다.

207

현재의 괴로움을 없애려고 하지마라. 괴로울 때는
그냥 괴로움이 있는 것을 알아차려야 한다. 살아있
는 동안 욕망을 가지고 있기 때문에 항상 크고 작은
괴로움이 있다. 현재의 괴로움이 사라지면 또 다른
괴로움이 생긴다. 현재의 괴로움이 있어서 다른 괴
로움이 나타나지 않는다. 마음은 한순간에 하나밖
에 알지 못하기 때문에 현재의 괴로움이 있어 잠재
된 괴로움을 보지 못한다. 괴로움에 맞서지 않고 있
는 그대로 알아차릴 때만이 괴로움의 힘이 약해진
다. 모든 현상은 없애려고 할 때 더 강한 반발력이
생긴다. 오직 있는 그대로 알아차릴 때만이 반발력
이 없어 소멸한다. 괴로움은 지혜의 눈을 뜨게 하는
불가피한 동반자다.

208

보수적인 사람은 진보적인 사람을 위험하게 본다. 진보적인 사람은 보수적인 사람을 위험하게 본다. 그래서 동류끼리는 무조건 결속하고 동류가 아니면 무조건 배척한다. 상대를 위험하게 보는 기준이 자기와 같은 동질성의 유무로 판단하는 것은 매우 위험하다. 이런 견해는 매우 이기적이며 어리석다. 이런 편견을 가지고 있으면 진정한 평화가 없고 항상 다툼만 있다. 이러한 잘못된 견해가 배제될 때만이 보수와 진보가 조화를 이루는 이상적인 관계를 만들 수 있다. 모든 것을 있는 그대로 알아차려서 치우침이 없을 때만이 균형을 이루어 지혜로 본다. 옳고 그름 없이 모두 알아차릴 대상으로 삼을 때라야 평화가 있고 다툼이 없다.

옹달샘

8

●

●

●

살아있는 것은 행복이다

살아있기 때문에 더 나은 삶을 위해 노력할 수 있어 기쁘다.
죽으면 지은대로 받아서 태어나야 한다.
하지만 아직 살아있기 때문에 더 선한 일을 할 수 있어 행복하다.
사는 것이 괴로움이지만 살아있기 때문에 행복으로 바꿀 수 있다.

209

남을 부정하면 자기 스스로를 부정하는 것이다. 남을 긍정할 때 자기 스스로를 긍정하는 것이다. 남을 부정하면서 자신은 인정받기를 바라지 마라. 남을 부정한 만큼 자신도 인정받지 못한다. 남을 긍정할 때 비로소 자신도 인정을 받는다. 남을 부정한 만큼 배척받고, 긍정한 만큼 인정받는 것이 진실이다. 사실에 입각하지 않고 무조건 부정하는 것을 집착하면 불행한 사람이다. 부정적인 견해를 즐기는 사람은 비뚤어진 마음을 가지고 있기 때문에 현재도 괴롭고 미래도 괴롭다. 이런 사람은 살아서도 악한 세상을 살며, 죽어서도 악한 세상에 태어난다. 자기의 부족함을 남을 부정하는 것으로 만회하려는 것은 가장 어리석은 일이다.

210

현재의 괴로움이 끝났다고 모든 괴로움이 끝난 것
은 아니다. 현재의 괴로움은 겉으로 드러난 것이고
아직 드러나지 않은 내면의 괴로움이 있다. 어리석
으면 현재의 괴로움을 해결한 뒤에 다시 괴로울 일
을 한다. 지혜가 없는 한 괴로움은 일상적인 것일
수밖에 없다. 괴로움이 없기를 바라서 현재의 괴로
움이 해결될 수도 있지만 근본적인 괴로움은 해결
되지 않는다. 현재의 괴로움을 해결하려는 또 다른
욕망이 있는 한 본질적 괴로움은 해결되지 않는다.
괴로움을 있는 그대로 알아차리면 현재의 괴로움도
해결되고 근본적인 괴로움도 해결된다. 욕망 없이
알아차릴 때만이 무명이 사라지고 지혜가 나 근본
적인 괴로움이 소멸한다.

211

어리석으면 사는 것이 괴롭다. 아무리 가져도 만족할 수 없기 때문이다. 지혜가 있으면 사는 것이 즐겁다. 가진 것에 감사하기 때문이다. 괴로움도 자신이 만들고 즐거움도 자신이 만든다.

212

인간의 배신은 없다. 배신을 한 나도 없고, 배신을 당한 상대도 없다. 배신을 당했다고 분노하지 말고, 배신을 했다고 자책하지 마라. 인간의 맹세는 없다. 맹세를 한 나도 없고, 맹세를 한 상대도 없다. 맹세를 어겼다고 분노하지 말고, 맹세를 지켰다고 자만하지 마라. 마음은 매순간 조건에 의해 일어나고 사라지기 때문에 같은 마음이 아니다. 나의 마음도 없고 상대의 마음도 없고 단지 일어나고 사라지는 마음만 있다.

213

고통이 있어 행복을 안다.

214

남이 나를 알아주기를 바라지 마라. 사람들의 견해
는 다르며 모두 자기 기준으로 판단한다. 남이 나를
알아주기를 바라는 것은 단지 자신의 바람이다. 이
런 마음에는 이기적인 욕망과 자아가 숨어 있다. 자
신이 인정받지 못했을 때는 화를 내게 되어 스스로
괴로움을 만든다. 자신의 문제는 오직 자신의 문제
일 뿐이다. 내 마음가짐을 바르게 하려면 남이 나를
알아주기를 바라지 않아야 한다. 자신에 대해 무관
심한 남을 이해할 때 오히려 자신의 지혜가 성숙한
다. 진실은 남에게 있지 않으니 자신의 내면에서 찾
아야 한다. 남을 통해서 얻는 행복은 불완전하여 언
제 사라질지 모른다. 자신의 내면을 통찰해서 얻는
행복이 가장 완전하다.

215

화는 탐욕 때문에 생긴다. 탐욕은 어리석음 때문에
생긴다. 어리석음은 자아 때문에 생긴다. 내가 없음
을 알아야 집착이 끊어져 완전한 자유를 얻는다.

216

살아있는 것은 행복이다. 살아있기 때문에 더 나
은 삶을 위해 노력할 수 있어 기쁘다. 죽으면 지은
대로 받아서 태어나야 한다. 하지만 아직 살아있기
때문에 더 선한 일을 할 수 있어 행복하다. 사는 것
이 괴로움이지만 살아있기 때문에 행복으로 바꿀
수 있다.

217

세상에 아무리 훌륭한 법이 있어도 내가 받아들이지 않으면 훌륭한 법이 아니다. 부처님의 가르침이 아무리 훌륭해도 내가 받아들이지 않으면 훌륭한 가르침이 아니다. 가르침은 관념이고 가르침을 실천하는 것이 실재다. 생각만 하는 것으로는 관념에 머물고 만다. 실천할 때 실재가 되어 비로소 자기 것이 된다. 훌륭한 법이 내 것이 되게 하기 위해서는 수행을 해서 통찰지혜를 얻어야 한다. 관념은 벽에 걸린 금언과 같고 실재는 금언대로 생활하는 것이다. 관념이란 우유가 무엇이라고 말하는 것이고 실재란 직접 우유를 먹어보는 것이다. 한평생을 우유가 무엇이라고 말해도 직접 먹어보지 않는 사람은 우유 맛을 모르고 죽는다.

218

사랑하는 것이 행복이다. 사랑할 수 있을 때 행복을
얻어라. 사랑이 식으면 행복도 식는다. 괴로우면 사
랑할 수 없다. 사랑할 수 있을 때 사랑해야 한다. 하
지만 사랑을 집착하면 불행하다. 사랑을 주되 받으
려 하지 마라. 받으려고 한만큼 괴로움에 빠진다.
사랑은 미움과 함께 있고 행복은 불행과 함께 있다.
사랑이 미움이 되지 않으려면 바라지 말아야 한다.
행복이 불행이 되지 않으려면 바라지 말아야 한다.
바라지 않는 순수한 마음일 때 고결한 사랑과 행복
을 얻는다. 바라면 욕망이 되어 사랑과 행복이 달아
난다. 사랑은 자신을 구원하는 빛이다. 빛이 충만
할 때 번뇌가 소멸하여 더 이상 바랄 것이 없는 지
고의 행복을 얻는다.

무엇인가를 바라고 하는 선한 일은 오래 지속하지 못한다. 선한 일을 했어도 즉시 결과가 나타나지 않기 때문이다. 아무것도 바라지 않고 하는 선한 일은 오래 지속할 수 있다. 바라지 않아서 실망할 것이 없기 때문이다. 선한 일을 한 공덕은 선한 일을 하는 순간 자신의 마음이 행복한 것이다. 바라는 마음이 있으면 선한 일을 한 행복을 느낄 수 없다. 바라는 마음이 행복을 보는 눈을 가리기 때문이다. 선한 일에 대한 결과는 내가 결정하는 것이 아니고 적절한 조건이 성숙되어야 나타난다. 이상적인 조건을 성숙시키려면 선한 일도 바라지 않고 할 일이라서 해야 한다. 가장 선한 일은 몸과 마음을 알아차려서 청정하게 하는 것이다.

220

고요함으로 얻는 행복이 가장 값지다. 고요함은 들뜸이 없고 지혜가 있어 완전한 행복을 준다. 지혜는 아침햇살처럼 어둠을 밝혀 괴로움을 떨쳐버린다. 욕망으로 얻는 행복은 감각적 쾌락이다. 욕망은 들뜸과 어리석음이 있어 완전한 행복을 주지 못한다. 어리석음은 스스로를 깊은 수렁에 빠지게 하여 괴로움으로 이끈다. 오직 몸과 마음을 알아차려서 얻는 고요함만이 지혜가 나게 하여 지고의 행복을 얻을 수 있다.

상대가 쉽게 업신여긴 인간관계라면 미련을 갖지
마라. 소중한 관계도 오래 지속하기 어려운데 하물
며 구겨진 관계를 집착할 것 없다. 미련은 욕망이라
서 괴로움이다. 미련을 버리기 어려울 때는 단지 미
련을 갖는 마음을 알아차려라. 그러면 언젠가 미련
의 무의미함을 아는 지혜가 난다. 미련이 무의미함
을 알 때 상대에 대한 섭섭함이 사라진다. 그리고
내가 상대에게 해준 일에 대한 기억도 사라진다. 상
대는 자신의 축적된 성향으로 살고 있는 사람이다.
상대의 그런 성향을 내가 어떻게 할 수 없다. 내가
할 수 있는 일은 아무 미련 없이 그냥 흘러가도록
두는 것이다. 이것이 나를 쾌유하고 상대에 대해서
도 관용을 베푸는 일이다.

문제가 있는 것에 해결방법도 있다. 이미 일어난 일에 완전한 해결방법을 찾기는 어렵다. 그러나 모든일에는 항상 적절한 대처방법이 있기 마련이다. 문제를 해결하기 위해서는 상황에 따른 최선책이 있거나 아니면 차선책이 있다. 하지만 가장 이상적인해결방법은 출세간의 방법이다. 출세간의 방법은이미 생긴 일을 하나의 대상으로 알아차린다. 대상으로 알아차릴 때 대상이 객관화되어 자신과 분리가 된다. 대상을 분리해서 알아차릴 때라야 비로소대상을 대하는 정신적 기능이 바르게 선다. 마음가짐이 바르게 확립될 때 지혜가 생겨 집착하지 않고현상을 있는 그대로 수용한다. 이것이 문제를 해결하는 가장 중요한 방법이다.

223

상대의 잘못을 미워하지 마라. 상대의 잘못을 보고 상대에 대한 집착을 끊어라. 바라는 것이 있으면 미워한다. 바라는 것이 없어야 미워하지 않는다. 집착을 끊으면 바라는 것이 없어 감정이 배제된 평등한 관계가 된다. 이것이 인간과 인간이 가져야할 궁극의 관계다. 상대의 잘못으로 자신의 집착을 끊는다면 더 이상 바랄 나위 없는 결과다. 질긴 인연의 집착을 끊을 수만 있다면 최상의 지혜를 얻는 것이다. 모든 것을 끌어안고 갈 수는 없다. 감성을 정리하고 이성으로 돌아와야 비로소 원만한 인간관계가 형성된다. 상대의 잘못으로 집착을 끊는다면 자신이 지혜를 얻는 선한 결과뿐만 아니라 상대에게도 선한 공덕이 돌아간다.

224

괴로움을 대하는 두 가지 마음이 있다. 괴로울 때 괴로워하는 마음이 있고, 괴로움을 알아차리는 마음이 있다. 괴로워하는 마음은 '괴로워 죽겠네' 라고 화를 내는 마음이다. 괴로움을 알아차리는 마음은 '괴로워하고 있네' 라고 괴로움을 지켜보는 마음이다. 괴로워 죽겠다고 하는 것은 어리석은 범부의 마음이다. 괴로움이 있는 것을 알아차리는 것은 지혜로운 자의 마음이다. 괴로워 죽겠다고 하는 마음으로는 결코 괴로움에서 벗어날 수 없다. 괴로움을 있는 그대로 알아차리는 마음일 때만이 괴로움에서 벗어날 수 있다. 범부는 괴로움에 짜증을 내서 괴로움을 키운다. 현자는 괴로움을 있는 그대로 알아차려서 괴로움을 소멸시킨다.

모든 것들은 쉼 없이 일어나서 사라진다. 다만 일어나서 사라지는 속도와 과정이 다를 뿐이다. 어떤 것들은 일어난 순간에 빠르게 사라진다. 어떤 것들은 일어나서 일정기간을 지속하다가 결국에는 사라진다. 어떤 것들은 일어나서 성장이 지속되다가 쇠퇴하는 과정을 거쳐 결국에는 사라진다. 이렇듯 모든 것들은 조건에 의해 일어나서 사라지는 과정만 있다. 일어났다가 사라지는 것에는 자아가 없다. 단지 조건에 의해 거듭되는 현상만 있다. 그러니 무엇을 내 것이라고 하여 집착할 필요가 있겠는가? 모든 것들이 잠시 만났다가 헤어지는 것을 어찌할 수 있겠는가? 사라짐은 소멸이고 죽음이다. 일어났다가 사라지는 것이 세상의 질서다.

226

괴로움은 와서 보라고 나타난 법이다. 와서 보라고
나타난 법을 보지 않으면 괴로움이 커진다. 와서 보
라고 나타난 법을 있는 그대로 보면 오히려 괴로움
을 통하여 지혜를 얻는다. 괴로움을 알아차리지 않
아서 고통에 빠지는 것은 자신의 선택이다. 괴로움
을 알아차려서 지혜를 얻는 것도 자신의 선택이다.
괴로움은 원인이 있어서 생긴 결과다. 괴로움의 원
인은 자신의 욕망이다. 그러므로 과거의 원인으로
인해 생긴 현재의 결과를 겸허하게 받아들여야 한
다. 이것이 주어진 결과를 새로운 원인으로 바꿀 수
있는 방법이다. 과거나 미래에 연연하지 않고 현재
를 있는 그대로 알아차릴 때만이 새로운 원인을 만
들어 번뇌를 소멸시킨다.

227

막연한 불안에 자신을 맡기지 마라. 불안은 욕망이 충족되지 않아서 생긴 불만족이다. 불안할 때는 불안한 마음을 알아차려라. 그런 뒤에 조용히 일어나고 꺼지는 호흡을 지켜보아야 한다. 마음과 몸을 알아차려도 불안이 사라지지 않으면 아직도 내면에 욕망의 불길이 타고 있기 때문이다. 욕망이 사라지지 않는 것은 의식의 깊은 곳에 자리 잡고 있는 이기심 때문이다. '나'라고 하는 자아가 있는 한 욕망은 소멸되지 않는다. 오직 일어나고 꺼지는 호흡만이 욕망으로부터 벗어나게 하는 은신처를 제공하여 고요함을 얻게 한다. 생길만해서 생긴 것은 사라질만하면 사라진다. 조건에 의해 일어난 것은 적절한 조건이 성숙되면 사라진다.

228

출생신분이 좋거나 사회적인 지위나 부유한 것으로 자신의 가치가 결정되지 않는다. 자신의 마음가짐과 행위가 자신의 가치를 결정한다. 좋은 가문에 태어나고 사회적으로 높은 지위를 얻고 부유하다 해도 자신의 마음가짐과 행위가 나쁘면 천한 사람이다. 좋은 가문에 태어나지 않고 사회적으로 높은 지위를 얻지 못하고 부유하지 못해도 자신의 마음가짐과 행위가 바르면 고귀한 사람이다. 누구나 천한 사람이 될 자유가 있고 고귀한 사람이 될 자유가 있다. 어리석으면 천한 사람이 되어 스스로 괴로움을 자초한다. 지혜가 있으면 고귀한 사람이 되어 스스로 즐거움을 만든다. 행복과 불행은 누가 주는 것이 아니고 오직 자신이 만든다.

229

연기가 회전하는 것이 윤회고 연기가 회전하지 않는 것이 윤회의 끝이다. 몸과 마음을 있는 그대로 알아차리는 순간에 연기가 회전하지 않고 끊어진다. 연기는 시작과 중간과 끝에서 끊어진다. 연기의 시작은 무명이다. 무슨 일을 할 때 의도를 알아차리면 무명으로 시작하지 않고 지혜로 시작하여 연기가 시작부터 끊어진다. 연기의 중간은 느낌이다. 무슨 일을 할 때 일어난 느낌을 알아차리면 갈애가 일어나지 않아 연기가 중간에서 끊어진다. 연기의 끝은 죽을 때나, 무슨 일을 할 때 지나고 나서 알아차릴 때다. 죽을 때 있는 그대로 알아차리거나, 무슨 일을 할 때 지나고 나서 알아차리면 연기가 다시 회전하지 않고 끝에서 끊어진다.

230

사랑할 때 바라는 것이 충족되지 않으면 사랑이 미움으로 바뀐다. 사랑해서 생긴 미움은 미움으로 그치지 않고 사랑한 만큼 분노의 불길을 일으킨다. 이것은 모두 느낌이 증폭되어서 생기는 마음의 변화다, 바라는 것이 있는 사랑은 양면성이 있다. 이런 사랑은 진정한 사랑이 아니고 이기적인 욕망이다. 받으려고 하지 않고 조건 없이 주는 사랑일 때만이 미움이 없다. 상대로부터 미움을 받는 사람은 상대가 자신을 사랑하기 때문에 미워하는 것이라고 이해해야 한다. 상대를 미워하고 나중에 화까지 내는 사람은 상대에게 너무 많은 것을 바라고 있다고 알아야 한다. 자신의 기대가 충족되지 않아도 계속하는 사랑이 진정한 사랑이다.

231

잘못했기 때문에 잘할 수 있다. 잘못하지 않으면 무엇이 잘하는 것인지 모른다. 잘못한 것을 문제 삼지 마라. 누구나 모르는 상태로 태어나서 잘못하기 마련이고 잘못을 통하여 바른 길을 찾는다. 잘못을 자책하지 말고 잘못을 알아차려라. 잘못한 것이 문제가 아니고 잘못을 알아차리지 못하는 것이 문제다. 정상을 벗어났기 때문에 돌아올 수 있다. 벗어나지 않으면 돌아오는 길을 모른다. 벗어난 것을 문제 삼지 마라. 누구나 모르는 상태로 태어나서 벗어나기 마련이고 벗어난 것을 통하여 바른 길을 찾는다. 벗어난 것을 자책하지 말고 벗어난 것을 알아차려라. 벗어난 것이 문제가 아니고 벗어난 것을 알아차리지 못하는 것이 문제다.

232

자아가 강하면 주어진 환경에 적응하기 어렵다. 자아가 없으면 어떤 환경이나 쉽게 적응할 수 있다. 자아가 강하면 세상을 내 마음대로 하려고 한다. 하지만 이 세상은 이기적인 자아를 용납하지 않는다. 그래서 이 세상은 내 마음대로 되지 않는다. 왜냐하면 세상은 세상의 질서가 있기 때문이다. 실재하지 않는 자아를 실재하는 '나'로 생각하는 것은 꿈을 꾸는 것이다. 자아가 없는 것을 알 때 비로소 꿈에서 깨어나 있는 그대로의 세상을 본다. 꿈을 깬 세상은 단지 작용만 하는 마음만 있고 너와 내가 없다. 너와 내가 없으면 모든 것을 있는 그대로 보아 아무 것에도 걸림이 없다. 자아가 있으면 나와 네가 있어 평화를 얻기가 어렵다.

233

내 마음이 나의 삶을 이끈다. 가족의 마음이 가족의 행복과 불행을 이끈다. 국민의 마음이 국가의 번영과 쇠퇴를 이끈다. 인류의 마음이 세상의 평화와 파괴를 이끈다. 모든 결과는 한사람의 마음으로부터 시작된다. 내 마음을 알아차리면 그 순간에 청정해져 번뇌를 여읜다. 내 마음이 청정해지면 가족의 마음이 청정해지고 국민의 마음이 청정해지고 세상의 모든 마음이 청정해진다.

234

누구나 즐겁기를 바란다. 즐거우면 반드시 집착을 한다. 집착을 하면 결국에는 괴로움을 겪는다. 즐거움으로 시작되어 괴로움으로 끝나면 다시 더 큰 즐거움을 찾는다. 그래서 괴로움이 반복된다. 이런 악순환이 거듭되는 것이 윤회의 순환이다. 즐거움을 찾는 마음은 끝이 없다. 그래서 괴로움도 끝이 없다. 하지만 즐거움을 절제하면 괴로움도 절제된다. 감각적 욕망의 즐거움보다 수행의 고요함과 지혜를 얻는 즐거움이 괴로움의 악순환에서 벗어나게 한다.

235

사람들은 저마다의 생각을 가지고 있다. 때로는 생각이 같다고 해도 결국은 다르다. 생각이 다른 사람들이 모여 사는 사회는 항상 문제가 있다. 그러므로 문제가 있는 것이 세속의 질서다. 문제에서 벗어나는 길은 문제라고 여기는 자신의 마음을 알아차리는 것이다. 문제라고 여기는 마음을 대상으로 알아차릴 때만이 문제로부터 자유로워질 수 있다. 문제 자체에서는 답을 얻을 수 없고 문제를 보는 마음에서만 답을 얻을 수 있다. 생각은 경계가 없다. 생각을 알아차리지 못하면 언제나 위험수위를 넘는다. 그래서 자연스럽게 위험한 말을 하고 결국에는 위험한 행동을 한다. 사소한 생각이 말로 이어지고 행동을 하는 것이 업의 생성이다.

236

새로운 만남은 언제나 설렌다. 그러나 모든 만남이
다 좋은 것은 아니다. 좋은 만남이 싫어지기도 하며
싫은 만남이 좋아지기도 한다. 만남은 즐겁기도 하
고 괴롭기도 하고 덤덤하기도 하다. 어떤 만남이 되
었거나 이기적인 욕망이 있으면 바람직한 관계로
끝나기 어렵다. 모든 만남에 알아차림이 있을 때만
이 치우침이 없어 균형을 유지한다. 좋은 만남이든
싫은 만남이든 덤덤한 만남이든 결국에는 헤어진
다. 다만 늦고 빠르고의 차이가 있을 뿐이다. 만남
은 헤어지기 위한 것이다. 그러므로 어떤 만남도 집
착해서는 안 된다. 만나서 헤어진다고 끝난 것이 아
니다. 만나는 동안 만들어진 기억이 과보로 남아서
오래 동안 영향을 준다.

사성제는 괴로움만을 말하지 않고 괴로움을 해결하는 방법을 제시한다. 괴로움을 해결하기 위해서는 먼저 괴로움이 있다는 사실을 자각해야 한다. 그래야 괴로움의 원인이 욕망인지를 알 수 있다. 괴로움의 원인인 욕망을 알아차려서 집착이 끊어질 때 비로소 괴로움이 소멸한다. 연기는 일어나는 연기와 사라지는 연기가 있다. 괴로움과 괴로움의 원인은 일어나는 연기다. 이것이 고제와 집제다. 고제와 집제가 반복되는 것이 윤회다. 괴로움의 소멸과 소멸에 이르는 길은 사라지는 연기다. 이것이 멸제와 도제다. 멸제와 도제에 의해 깨달음을 얻으면 윤회가 끝난다. 깨달음 얻어 집착이 끊어지면 일어나는 연기가 사라지는 연기로 바뀐다.

마음은 앉은뱅이고 몸은 장님이다. 마음은 움직이
고 싶어도 스스로 움직일 수 없다. 몸은 보고 싶어
도 스스로 볼 수 없다. 마음은 몸이 있어서 움직일
수 있다. 몸은 마음이 있어서 볼 수 있다. 몸과 마음
은 함께 있지만 하나가 아니다. 마음은 마음의 영역
이 있고 몸은 몸의 영역이 있다. 마음과 몸이 서로
의 영역에서 각각의 역할을 해서 살고 있다. 위빠사
나 수행은 마음과 몸을 분리해서 알아차린다. 마음
이 몸에 주는 영향을 알아차리고 몸이 마음에 주는
영향을 알아차린다. 마음과 몸이 서로 영향을 주는
것을 알면 원인과 결과를 아는 지혜가 난다. 원인과
결과를 아는 지혜가 나야 무상, 고, 무아의 성품을
알아 번뇌를 여읜다.

239

내가 가진 모든 것은 소유할 수 없다. 돈, 사랑, 명예, 건강, 어느 것도 소유할 수 없다. 괴로움, 슬픔, 절망, 비탄도 소유할 수 없다. 이것을 소유할 자아가 없기 때문이다. 다만 순간의 마음이 모든 것을 경험한다. 그러므로 어느 것도 내 것이라고 할 것이 없다. 소유할 나도 없지만 주어진 것도 잠시 머물다 이내 떠나버린다. 이것을 경험하는 마음도 바람 앞의 촛불처럼 흔들리다가 끝내 허공으로 사라진다. 하루를 사는 하루살이나 백년을 사는 거북이나 일어나서 사라지는 것은 똑같다. 일어나서 사라지는 것에는 자아가 없고 단지 조건만 있다. 소유할 수 없는 것을 소유하려는 것이나 사라지는 것을 붙잡으려는 것은 어리석음이다.

240

사람의 만남이란 마음과 마음의 만남이다. 눈이 대상을, 귀가 소리를, 코가 냄새를, 혀가 맛을, 몸이 접촉을, 마음이 생각을, 이것도 모두 마음이 만난다. 마음이 있어서 자기 몸과 마음을 만나고 다른 것도 만날 수 있다. 마음가짐이 나쁘면 나쁜 만남이 되고 마음가짐이 좋으면 좋은 만남이 된다. 마음이 좋아하면 만남이 지속되고 마음이 싫어하면 만남이 끝난다. 마음이 변하면 만남도 변한다. 마음은 매순간 변하기 때문에 만남도 매순간 변한다. 변하는 마음 때문에 생긴 만남과 헤어짐을 집착하지마라. 일어나서 사라진 마음을 집착하지 않으면 자아가 소멸하여 괴로움이 없다. 일어나서 사라진 자리에 자아가 있으면 괴로움이 지속된다.

옹달샘

9

.

.

.

미소는 괴로움을 녹인다

괴로움이 녹으면 두려움이 사라진다.
미소는 행복을 가져온다. 행복하면 사랑이 생긴다.

241

혼자서 움켜쥐고 내놓지 않는다고 해서 내 것이 되지 않는다. 남을 위해 기꺼이 내놓을 때 진정으로 내 것이 된다. 움켜쥐면 집착을 해 가진 것이 독이 된다. 이 독이 나를 병들게 하여 불행하게 산다. 남에게 내놓으면 남을 사랑하게 되어 약이 된다. 이 약이 나를 자유롭게 하여 행복하게 산다. 소유하려고 하면 스스로를 속박하여 아무 것도 얻지 못한다. 소유로부터 자유로울 때 비로소 모든 것을 다 얻는다. 하늘에 있는 태양과 달과 별과 구름을 내 것이나 네 것이라고 할 것이 있겠는가? 땅 위에 있는 모든 것들을 내 것이나 네 것이라고 할 것이 있겠는가? 다 얻으려다 오히려 빈손이 되고, 다 내놓으면 오히려 모든 것을 얻는다.

242

너무 괴로워하지 마십시오. 괴로움은 영원한 것이 아닙니다. 괴로움은 한 때의 느낌입니다. 이 순간이 지나면 괴로움은 과거의 일이 됩니다. 그때까지 참고 견디면서 있는 그대로 알아차려야 합니다. 죽지만 않고 살아 있으면 반드시 좋은 보상을 받을 때가 옵니다. 내가 괴로움을 만들었지만 이제 알아차렸으면 되었습니다. 이 괴로움을 만들기도 했지만 그간에 좋은 일도 했습니다. 그러니 너무 절망하지 말고 좋은 때를 기다려야 합니다. 어둠에는 반드시 끝이 있습니다. 머지않아 여명이 밝아 올 것입니다. 그때가 되면 괴로움은 한낱 추억에 불과해집니다. 그간에 시간이 지나고 나면 모두 추억이 되는 것을 많이 경험했지 않습니까?

243

과거생과 현생이 같다고 할 수 없고, 그렇다고 다르다고도 할 수 없다. 현생과 미래생이 같다고 할 수 없고, 그렇다고 다르다고도 할 수 없다. 같다고 하면 모든 것이 항상 하다는 상견에 빠진다. 다르다고 하면 모든 것이 한번으로 끝나는 단견에 빠진다. 상견과 단견은 모든 것이 영원하다고 여기거나 끝이라고 여기는 잘못된 견해다. 과거생의 내가 현생으로 옮겨온 것이 아니다. 현생의 내가 미래생으로 옮겨가는 것이 아니다. 옮겨갈 자아가 없기 때문이다. 그러나 과거생과 현생, 현생과 내생이 전혀 무관하지 않다. 과거생에서 자아가 옮겨오지 않지만 원인이 있어서 결과를 만들었기 때문이다. 여기에는 오직 인과응보만 있다.

244

괴로움을 없애려고 하지마라. 괴로움을 없애려고
억압하면 더 큰 불길로 번진다. 이미 만들어진 괴로
움은 피할 수 없다. 피할 수 없는 괴로움은 있는 그
대로 알아차려야 한다. 괴로움은 원인이 있어서 생
긴 결과다. 그러므로 올 수밖에 없어서 찾아온 손님
이다. 불가피한 손님은 있는 그대로 받아들여야 한
다. 있는 그대로 받아들이면 어떤 괴로움도 하찮은
것이 된다. 괴로울 때는 괴로워하는 마음을 알아차
린 뒤에 가슴에서 느낌을 알아차려야 한다. 거친 느
낌이 차츰 미세한 느낌으로 바뀔 때까지 지속적으
로 알아차린 뒤에 다시 호흡을 알아차려야 한다. 괴
로움은 영원한 것이 아니다. 괴로움이 호흡으로 바
뀌면 이미 괴로움이 아니다.

245

못난 사람은 못난 짓을 하고, 잘난 사람은 잘난 짓을 한다. 못난 사람은 못난 짓을 하고도 어리석기 때문에 자기가 최고라고 여긴다. 이런 사람은 자아가 강해서 나밖에 모른다. 설령 어떤 면에서 똑똑해 보여도 본질이 못난 사람이다. 나만 아는 사람은 이기적이라서 자신도 괴롭고 남에게도 괴로움을 준다. 잘난 사람은 잘난 짓을 하고도 지혜가 있기 때문에 자기 자랑을 하지 않는다. 무아를 알아 자기를 내세우지 않는 겸손한 사람은 설령 부족한 면이 있더라도 본질이 잘난 사람이다. 나를 내세우지 않는 사람은 관용, 자애, 지혜가 있어 자신도 즐겁고 남에게도 즐거움을 준다. 자아가 강하면 못난 사람이고 무아를 알면 잘난 사람이다.

246

꿈은 언제나 날개를 달고 날아가 버린다. 꿈이 날아
간 자리에 항상 쓸쓸한 현실만 있다. 그러고도 계속
꿈을 키운다. 꿈이 큰 만큼 좌절도 크다. 누구나 원
하는 것을 모두 얻을 수는 없다. 하지만 꿈마저 없
다면 무슨 재미로 살겠는가? 그래서 인생은 속으면
서 산다. 어차피 사는 것이 꿈속인데 오늘도 꿈속에
서 또 꿈을 꾼다. 꿈이 행복한 현실이 되기 위해서
는 이 순간을 살고 있는 몸과 마음을 알아차려야 한
다. 이것이 고단한 현실을 행복한 현실로 바꾸는 유
일한 길이다. 현재의 몸과 마음을 알아차릴 때 과
거나 미래가 아닌 현재의 진실을 아는 지혜가 난다.
현재의 몸과 마음을 알아차려서 얻는 지혜만이 꿈
속에서 벗어나게 한다.

247

문제가 있는 곳에 해답도 있다. 문제는 세상을 사는 것이고 해답은 수행을 하는 것이다. 어리석기 때문에 문제를 가지고 있어 수행을 해야 한다. 수행을 한다고 해서 반드시 모든 문제를 해결할 수 있는 것은 아니다. 어떤 마음을 가졌느냐에 따라 문제를 해결할 수도 있고 해결하지 못할 수도 있다. 수행을 하는 마음가짐이 바르면 대상의 성품을 알아 문제를 해결할 수 있다. 마음가짐이 바르지 못하면 수행을 해도 문제를 해결할 수 없다. 문제의 해답은 자아를 제거하는 것에 있다. 제거되어야할 자아를 버리지 못하고 강화하는 한 영원히 해답을 얻을 수 없다. 내가 없는 무아를 알 때만이 완전한 해답을 얻어 해탈의 자유를 얻는다.

248

남의 말과 행위는 그의 것이지 나의 것이 아니다. 남이 좋은 말을 하면 받아들이고, 나쁜 말을 하면 받아들이지 않으면 된다. 남이 좋은 말을 할 때도 알아차리면서 듣고, 나쁜 말을 할 때도 알아차리면서 들어야 한다. 남의 말과 행위를 분리해서 알아차리는 것이 위빠사나 수행이다. 남의 말과 행위에 따라 똑같이 반응하면 남이나 나나 하등에 다를 것이 없다. 남이 말과 행위를 할 때마다 모두 반응하면 남의 지배를 받으며 사는 것이다. 남의 일을 그의 일로 둘 때 남의 지배받으면서 살지 않는다. 대상을 있는 그대로 알아차릴 때만이 자신의 안전한 세계를 구축할 수 있다. 나의 평화와 행복은 오직 나의 알아차림으로 만들어진다.

249

몸과 마음은 존재와 인식의 두 가지 요소가 있다. 존재는 부르기 위한 명칭으로 관념이다. 몸과 마음이 있는 것을 아는 것은 인식으로 실재다. 대상을 인식할 수 있어야 실재를 안다. 존재론은 대상의 성품을 인식할 수 없어 관념에 머물고 만다. 인식론은 대상의 성품을 인식할 수 있어 실재에 접근한다. 대상을 관념으로 접근하면 몸과 마음이 가지고 있는 무상, 고, 무아의 지혜를 얻을 수 없다. 그러면 통찰지혜를 얻을 수 없어 깨달음에 이르지 못해 도과를 성취하지 못한다. 대상의 실재를 알아차리면 몸과 마음이 가지고 있는 법의 성품을 안다. 관념이 아닌 실재를 아는 위빠사나 수행으로 통찰지혜를 얻을 때만이 깨달음을 얻는다.

250

미소는 괴로움을 녹인다. 괴로움이 녹으면 두려움
이 사라진다. 미소는 행복을 가져온다. 행복하면 사
랑이 생긴다.

251

상대에게 도움을 주었다고 해서 상대가 내 의견을
모두 따라야 하는 것은 아니다. 내가 도움을 준 행
위와 상대의 태도는 별개의 문제다. 상대에게 도움
을 주었을 때 생긴 선한 과보는 내가 이미 받았다.
그러므로 상대에게 어떤 것도 요구해서는 안 된다.
만약 도움을 주고 상대의 행위를 구속하려고 하면
새로 선하지 못한 과보를 만드는 것이다. 상대에게
도움을 주고 바라는 것이 있으면 자신이 쌓은 선업
의 과보를 까먹는다. 선행을 베풀고 아무것도 바라
지 않을 때라야 온전한 선행이다. 도움을 받은 상대
가 감사하게 여기다가도 부당한 요구를 받으면 불
쾌하게 여기기 마련이다. 그러면 도움을 주고도 오
히려 화를 자초하게 된다.

252

관심이 있는 곳에 길이 있다. 마음이 끌리지 않으면 길이 없다.

253

누구에게나 창처럼 날카로운 마음이 있고, 꽃잎처럼 부드러운 마음이 있다. 날카로운 마음일 때는 부드러운 마음이 숨고, 부드러운 마음일 때는 날카로운 마음이 숨는다. 날카로운 마음은 잔인함을 드러내고, 부드러운 마음은 인자함을 드러낸다. 날카로운 마음은 모든 일에 공격적이고, 부드러운 마음은 모든 일을 받아들인다. 두 가지 마음은 함께 있으면서 조건이 성숙되어 나타날 때를 기다린다. 날카로운 마음은 항상 몸과 마음을 긴장하게 한다. 부드러운 마음은 항상 몸과 마음을 이완시킨다. 알아차림이 없을 때는 날카로운 마음이 되어 대상을 어리석게 본다. 알아차림이 있을 때는 부드러운 마음이 되어 대상을 지혜로 본다.

욕망을 가진 자의 방황은 끝이 없다. 욕망을 가지면
현재의 방황이 내일에도 지속된다. 이번 생이 끝나
도 다시 새로운 방황을 향해 떠나야 한다. 어딘지도
모르는 길을 향해 계속 가야하는 것은 괴로움이다.
새로운 길이 희망처럼 보이지만 결국에는 괴로움의
연속이다. 욕망을 여읜 자는 방황의 끝이 있다. 욕
망을 여의면 현재의 방황이 끝나 내일이 없다. 내일
의 방황이 끝나면 다음 생이 없어 더 이상 괴로움이
없다. 이 세상에 괴로움이 없는 것보다 더 값진 행
복은 없다. 방황의 끝은 아름다우며 지고의 행복이
다. 욕망을 여의는 유일한 길은 욕망이 있을 때 욕
망이 있는 것을 알아차리는 것이다. 이것 이상을 바
라는 것이 욕망이다.

매사에 적극적인 사람은 바른 것도 적극적이지만
바르지 못한 것도 적극적이다. 바른 일은 열정을 가
져야 하고 바르지 못한 일은 관용을 가져야 한다.
바른 일이나 바르지 못한 일이나 똑같이 열정을 갖
는다면 탐욕으로 사는 사람이다. 상대에게 베풀었
는데 상대가 더 주기를 바란다고 비난하지 마라. 좋
은 일을 하고 상대를 비난하면 자신의 공덕이 한계
를 드러낸 것이다. 베풀 수 있는 힘이 있는 것은 큰
복덕이다. 베풀고 싶어도 베풀 수 없는 것은 슬픈
일이다. 내가 굶어도 남에게 베풀 수 있는 것보다
더 큰 행복은 없다. 이런 행복을 얻으려면 내가 없
어야 한다. 베풂은 상대를 위한 희생이 아니고 나의
복을 쌓는 것이다.

크고 작은 지위를 얻어 남을 해롭게 하는 사람이 있고, 남을 이롭게 하는 사람이 있다. 남을 위해 봉사해야 할 지위를 권력으로 생각하면 자기도 파멸하고 사회에도 재앙이 된다. 어리석은 자는 지위를 남용하여 자기 이익을 취하고 남을 고통에 빠지게 한다. 지혜가 있는 자는 지위가 없어도 자기 이익에 연연하지 않고 사회의 발전과 평화를 위해 헌신한다. 어리석은 사람들이 많이 사는 사회에서는 어리석은 자에게 지위를 부여한다. 그리고 그 과보를 받아 괴로움을 겪는다. 지혜가 있는 사람들이 많이 사는 사회에서는 지혜가 있는 자에게 지위를 부여한다. 그리고 그 과보를 받아 즐거움을 누린다.

257

진실은 사실에 근거할 때만 나타난다. 바르지 못한
것을 바르다고 하는 것은 진실이 아니다. 할 수 없
는 것을 할 수 있다고 하는 것은 진실이 아니다. 모
르는 것을 아는 것처럼 말하는 것은 진실이 아니다.
없는 것을 있는 것처럼 보이는 것은 진실이 아니다.
사실이 아닌 것을 사실처럼 드러내는 것은 자신을
가장 불행하게 하는 요인이다. 있는 그대로의 사실
에 입각할 때만이 진실할 수 있다. 진실해야 청정한
마음이 되어 사물의 이치를 발견한다. 진실해서 얻
는 불이익은 불이익이 아니고 이익이다. 진실한 사
람의 마음은 이미 도과를 향해서 가고 있기 때문이
다. 세상에 이것보다 더 훌륭한 진실은 없다.

258

마음이 모든 것을 이끈다. 모든 것을 이끌기 때문에 마음에는 힘이 있다. 마음은 무엇이나 할 수 있는 힘이 있기 때문에 사람들은 마음에 자아를 붙여서 내 마음으로 만들어 버린다. 만약 마음이 힘이 없고 천덕꾸러기처럼 생각했다면 내 마음이라고 생각하지 않을 것이다. 있는 그대로의 마음은 자아가 없고 단지 조건에 의해서 일어나고 사라지는 마음만 있다. 이런 마음을 내 마음으로 만들어놓고 만용을 부리다 결국 이 마음으로 인해 괴로움을 겪는다. 내 마음이 아니고 순간에 일어나서 사라지는 마음일 뿐이라고 알면 집착을 하지 않아 괴로움을 겪지 않는다. 인간이 겪는 모든 괴로움은 마음을 내 마음으로 만든 어리석음 때문이다.

259

모든 소리는 단지 소리에 불과하다. 하지만 소리에 의미를 부여하면 소리가 아닌 관념이 되어 좋아하거나 싫어하는 느낌이 된다. 소리가 관념화되면 소리가 아니고 자신이 반응한 느낌으로 바뀐다. 소리는 소리라는 대상과, 귀라는 감각기관과, 소리가 전해지는 밀폐되지 않은 공간과, 아는 마음이라는 네 가지 조건이 성숙되었을 때 들린다. 이때의 소리는 있는 그대로의 단순한 소리다. 그러나 소리를 듣고 아는 마음에 자아가 있으면 있는 그대로의 소리로 듣지 않고 좋다거나 싫다고 반응을 해서 관념을 만든다. 수행자가 명상을 하면서 조용히 자신의 내면을 통찰하는 것은 내가 있다는 자아 없이 있는 그대로의 소리를 듣기 위해서다.

260

비가 그친 뒤 작은 새들이 나뭇가지 사이를 포르르 난다. 한 마리가 앞서서 날면 다른 새가 뒤따라서 이리저리로 난다. 비가 갠 청명한 하늘과 나뭇가지 사이를 자유롭게 날다가 모두 모여서 즐겁게 조잘 거린다. 새들은 한순간에 숲을 평화로운 낙원으로 만든다. 새들에게도 괴로움이 있는가? 새들은 괴로 움보다 생존의 두려움이 있다. 새들은 인간처럼 욕 망을 갖지 않아 괴로움이 없다. 인간은 욕망을 가져 새처럼 자유롭게 날면서 행복을 말하지 못한다. 인 간은 욕망을 여의었을 때라야 비로소 새처럼 자유 롭게 날고 행복을 말할 수 있다. 인간은 자신이 가 진 욕망에 따라 새보다 불행하게 살 수도 있고 새보 다 더 행복하게 살 수도 있다.

261

모든 문제에는 항상 답이 있다. 그러나 답을 찾기는 지극히 어렵다. 왜냐하면 자신의 견해를 바꾸기어렵기 때문이다. 자신이 대상을 받아들이는 마음가짐에 따라 계속 문제로 남을 수도 있고 쉽게 답을얻을 수도 있다. 그러나 자신의 마음가짐을 바꾸기는 어렵다. 누구나 자기 생각에 대한 확신을 가지고있기 때문이다. 문제를 해결하기 위해서는 자신의신념이 객관성이 있는가 아니면 주관적인 것인가를알아차려야 한다. 이 세상에는 내 생각만 있는 것이아니다. 내 생각만 하면 주관적이라서 답을 얻을 수없다. 다른 사람도 생각하면 객관적이라서 답을 얻을 수 있다. 내가 가진 모든 문제의 근원은 자신의어리석음과 욕망에 있다.

262

욕망이 병을 만들고 죽게 한다. 욕망이 없으면 태어나지 않아 병들지 않고 죽지 않는다.

263

법은 대상을 있는 그대로 보고 아는 자의 것이다. 법이 있어도 법을 모르는 자에게는 법이 아니다. 어리석은 자는 법을 보지 못하여 자기 것으로 하지 못한다. 지혜가 있는 자는 법을 보아 자기 것으로 한다. 법이 법을 주지 않는다. 지혜가 있는 자가 법을 보고 자기 것으로 만든다. 몸과 마음을 있는 그대로 알아차려서 무상, 고, 무아를 발견하면 법을 본다. 수행이 잘 안 되어서 괴로워하는 것도 법이다. 수행이 잘 되어서 좋아하는 것도 법이다. 법은 어떤 것이 되었거나 하나의 대상으로 알아차릴 때 비로소 법이다. 법은 옳고 그름을 따지지 않는다. 따진다면 누구도 법을 보지 못한다. 오직 대상으로 알아차릴 때만이 바른 법을 본다.

264

높은 지위를 얻거나 많은 돈을 벌었다고 행복한 것이 아니다. 가진 것에 만족하고 마음이 편안한 것이 행복이다. 자신이 가졌다고 해서 자기가 소유하는 것이 아니다. 모두 일시적으로 사용하고 있는 것이지 내 것이 아니다. 모든 것들은 변하기 때문에 무엇이나 영원히 가질 수 없다. 지위나 돈은 일정기간 동안 사용하는 한시적인 것이다. 지위나 돈을 소유하려고 하면 오히려 이것들의 지배를 받는다. 지위나 돈을 소유하지 않을 때 오히려 이것들을 누린다. 지배받는 삶에서는 어떤 것도 얻지 못하여 자유롭지 못하다. 지배받지 않는 삶에서만 모든 것을 누릴 수 있어 자유롭다. 내 것이 되면 모두 잃고 내 것이 아니면 모두 얻는다.

무조건 완전을 추구하면 독선으로 흐른다. 잘못을 보완하면서 완전을 추구해야 독선에 빠지지 않는다. 완전은 하나의 이상이면서 독선이 될 두 가지 요소가 있다. 사람들은 오랫동안 각기 다른 환경에서 저마다의 업을 지으며 살았다. 이것들의 조화를 이루는 과정 없이 완전할 수는 없다. 그러므로 완전하기를 바라는 것은 하나의 이상으로 남겨두어야 한다. 완전을 바라는 마음은 병이다. 처음부터 완전한 존재가 있다면 그 가르침에는 거짓이 있다. 실패 속에서 성공이 있듯이 오직 부족함으로 시작하여 완전을 향해 가는 과정만 있다. 많으면 빼주고 부족하면 채워주면서 나아갈 때 더 나은 조건이 성숙되어 궁극의 이상을 실현할 수 있다.

웃을 준비가 된 사람은 항상 행복하다. 행복한 사람을 보는 것은 즐거운 일이다. 웃을 준비가 된 사람에게는 칭찬을 해서 웃도록 해야 한다. 울 준비가 된 사람은 항상 불행하다. 불행한 사람을 보는 것은 괴로운 일이다. 울 준비가 된 사람에게는 격려를 해서 울지 않도록 해야 한다. 웃을 준비가 된 사람이라도 울 수가 있다. 울 준비가 된 사람이라도 웃을 수가 있다. 마음은 매순간 상황에 따라 변한다. 기쁨과 슬픔은 언제나 함께 있다. 언제나 현재의 마음을 알아차리면 웃고 싶을 때 웃을 수 있고, 울고 싶을 때도 웃을 수 있다. 이것이 행복을 가져오게 하는 비결이다.

최고의 깨달음을 얻은 붓다에 의해 이 세상에 최상의 법이 선포되었다. 하지만 이 가르침이 그대로 유지되기는 어렵다, 인간은 근기가 다르며, 문화적 풍토와 사상적 배경이 다르기 때문에 바른 가르침을 그대로 받아들이지 않는다. 누구나 최고의 지혜가 나지 않았기 때문에 있는 그대로 받아들이기도 어렵다. 그래서 여러 가지 여건에 의해 진실이 왜곡되는 것이 세간의 질서다. 붓다는 자신의 사후에 후계자도 정하지 않았고 정법이 변질되는 것을 구체적으로 언급하지 않았다. 사람들에 의해 왜곡되기 마련인 불가피한 현실 때문이었을 것이다. 이 세상이 그렇더라도 바른 가르침 무엇인가를 알았다면 이를 소중히 지켜야할 의무가 있다.

268

언어는 마음이 만들어낸 습관이다. 말하는 용어의
선택은 자기 마음이 한다. 말하는 내용도 자기 마음
에서 나온다. 바른 마음이면 바른 용어를 선택하여
바른 내용을 말을 한다. 마음이 청정하면 청정한 말
을 하고 청정한 행동을 한다. 마음이 깨끗하지 못하
면 깨끗하지 못한 말을 하고 깨끗하지 못한 행위를
한다. 말을 하려고 할 때 말하려는 마음을 알아차
리면 청정한 말을 한다. 청정한 말을 하면 청정하지
못한 말을 하지 않는다. 청정한 말을 하면 청정한
말을 해서 이익이 있고 청정하지 못한 말을 하지 않
아서 이익이 있다. 청정한 말은 나에게 유익하고 남
도 이롭게 한다. 나와 모든 사람이 함께 좋은 것보
다 더 좋은 것은 없다.

무엇이나 쉽게 판단하지 마십시오. 그냥 알아차리기만 하십시오. 쉽게 판단하면 사실이 고정됩니다. 사실은 계속 흐르고 있습니다. 계속되는 현상을 단지 알아차리기만 하면 됩니다. 알아차린 원인으로 자연스럽게 결과가 나타납니다. 처음부터 판단을 하면 결과를 인위적으로 만드는 것입니다. 나의 판단은 아직 완전하지 못합니다. 알아차림이 없는 상태에서 내린 결론은 잠재의식으로 내린 결론입니다. 나의 잠재의식에는 탐욕, 성냄, 어리석음이 많습니다. 알아차려서 청정한 마음으로 인해 생긴 지혜가 내린 결론일 때가 안전합니다. 결론을 내리지 못했다고 조바심을 갖지 마십시오. 조용히 기다렸다가 얻는 결과가 훨씬 유익합니다.

270

꾸밈이 많으면 감각적 욕망이 많다. 감각적 욕망이
많으면 성냄이 많다. 욕망과 성냄이 많은 것이 어리
석음이다. 없는 것을 있는 것처럼 과장하면 진실하
지 못하다. 남에게 보이려고만 하면 자신의 삶이 아
니고 남을 위한 삶이다. 허영은 열등감에서 온다.
열등한 나는 없고 오직 원인과 결과가 있다. 허영
이 많은 것을 알아차리는 것이 진실로 가는 지름길
이다. 마음을 무조건 밖으로만 보내지 말아야 한다.
자신의 몸과 마음을 알아차려서 내면을 고요함을
얻어야 진실해 진다. 남만 있고 내가 없으면 뜬구름
같은 인생이다. 자신의 몸과 마음을 알아차려서 생
긴 지혜가 가장 큰 행복이다. 나의 행복이 있을 때
남에게도 행복을 줄 수 있다.

누가 해를 뜨게 하고 해를 지게 하는가? 누가 구름
을 만들고 구름이 흘러가게 하는가? 누가 나무의 싹
을 틔워 낙엽이 지게 하는가? 모든 것은 조건에 의
해 생긴다. 조건에 의해 생긴 것은 조건에 의해 사
라진다. 해와 구름과 싹이 조건에 의해 생긴 것처럼
인간의 행복과 불행도 조건에 의해 생긴다. 모든 것
은 생길만한 조건에 의해 생겼다 사라질만한 조건
에 의해 사라진다. 인간이 태어난 근본원인은 무명
과 갈애라는 조건 때문이라서 인간의 삶은 괴로울
수밖에 없다. 과거에는 무명을 우두머리로 삼고 살
았고 현재는 갈애를 동반자로 살아서 다시 태어난
다. 인간을 태어나게 한 무명과 갈애가 소멸하면 괴
로움뿐인 윤회에서 벗어난다.

옹달샘

10

·
·
·

진리가 없어서 모르는 것이 아니다

진리가 있어도 알려고 하지 않아서 모른다.
진리는 와서 보라고 하지만 외면하기 때문에 못 본다.
어리석음이 눈을 가리면 불행을 겪는다.
지혜가 있으면 진실을 보아 행복을 얻는다.
행복과 불행은 자신이 선택한다.

272

가야 할 길을 알고 가는 사람도 방황하고 모르고 가는 사람도 방황한다. 선한 사람도 방황하고 선하지 못한 사람도 방황한다. 즐거운 사람도 방황하고 괴로운 사람도 방황한다. 누구도 미래의 일에 대해 확신할 수 없다. 윤회하는 생명은 돌부리에 차이고 구덩이에 굴러 떨어져도 다시 일어나 알 수 없는 길을 향해 떠난다. 그 길의 마지막은 죽음이다. 하지만 죽음으로 그치지 않는다. 아직 방황의 발걸음을 멈추려는 의지가 없기 때문이다. 무엇으로 태어날지 알 수도 없는 생명으로 다시 태어나 똑같은 방황을 시작한다. 방황의 끝은 자신의 내면에 있다. 자리에 앉아 조용히 일어나고 꺼지는 호흡을 지켜보는 순간 방황은 끝난다.

어차피 가야할 길이라면 즐겁게 갑시다. 가야할 길
을 괴롭게 가면 가면서도 괴롭고 결과도 좋지 않습
니다. 어차피 해야 할 일이라면 열심히 합시다. 해
야 할 일을 열심히 하지 않으면 하면서도 괴롭고 결
과도 나쁩니다. 어차피 가지 말아야 할 길이라면 아
예 생각하지도 맙시다. 자꾸 생각하면 가고 싶은 유
혹을 물리치기 어렵습니다. 가지 말아야 할 길을 갔
으면 그만큼의 고통이 따릅니다. 어차피 하지 말아
야 할 일이라면 아예 생각하지도 맙시다. 자꾸 생
각하면 하고 싶은 유혹을 물리치기 어렵습니다. 하
지 말아야 할 일을 하면 그만큼의 고통이 따릅니다.
모든 것은 행한 대로 받기 때문에 가야할 길을 가고
해야 할 일을 해야 합니다.

274

어리석음이 눈을 가리면 진실이 있어도 보지 못한
다. 어리석으면 내가 있다는 견해를 가져 욕망을 집
착한다. 욕망을 집착하면 몸과 마음이 긴장하여 사
물을 바르게 볼 수 없다. 사물을 바르게 보지 못하
면 하는 일마다 괴로움을 자초한다. 괴로운 것이 불
행이다. 지혜가 있으면 사물을 볼 때 있는 그대로
의 진실을 본다. 지혜가 있으면 내가 없다는 견해를
가져 집착을 하지 않는다. 집착을 하지 않으면 몸과
마음이 긴장하지 않아 사물을 바르게 볼 수 있다.
사물을 바르게 보면 하는 일마다 괴로움을 자초하
지 않는다. 괴롭지 않은 것이 행복이다. 어리석으면
사물을 있는 그대로 보지 못하고, 지혜가 있으면 사
물을 있는 그대로 본다.

종교가 다른 사람과 친구가 될 수 없다면 그 종교
는 사랑이 있는 종교라고 말할 수 없다. 자기 종교
만 내세우면 다른 종교를 배척하는 것이라서 바른
가르침이라고 할 수 없다. 내 종교만 주장하면 다른
사람에게 고통을 준다. 종교인이 다른 종교인을 개
종의 대상을 삼는 것은 다른 사람의 정신을 자기 정
신으로 바꾸려는 것과 마찬가지다. 종교는 세력을
확대하는 것이 목표여서는 안 된다. 오직 고통 받
는 사람의 반려가 되어야 한다. 종교에 전교가 필요
하겠지만 극단적인 방법을 사용하면 사회의 가치를
파괴한다. 가족끼리 종교로 인해 서먹해졌다면 종
교가 사람 위에 군림한 것이다. 종교는 모든 사람들
을 행복하게 해주어야 한다.

276

진리가 없어서 모르는 것이 아니다. 진리가 있어도 알려고 하지 않아서 모른다. 진리는 와서 보라고 하지만 외면하기 때문에 못 본다. 어리석음이 눈을 가리면 불행을 겪는다. 지혜가 있으면 진실을 보아 행복을 얻는다. 행복과 불행은 자신이 선택한다.

277

지나치게 열심히 하지 마십시오. 노력도 균형이 필요합니다. 너무 열심히 하면 그만큼 바라는 것이 많은 것입니다. 바라는 것이 많으면 실망이 큽니다. 누구도 바라는 만큼 만족하지 못합니다. 그러면 열심히 하던 일을 쉽게 포기하고 맙니다. 가장 적극적으로 매달리던 일을 포기하는 것은 바라는 것에 대한 결과에 실망했기 때문입니다. 이 세상에 내 마음을 만족시킬만한 것은 아무것도 없습니다. 그러니 조금 물러서서 단지 필요한 일이라서 하십시오. 그러면 그만큼 상실감이 적을 것입니다. 용맹에는 무지와 이기심이 있습니다. 지나치면 오히려 부족함만 못합니다. 그러니 지금 무슨 마음으로 하고 있는지 알아차리면서 하십시오.

세상을 사는 한 괴로움은 일상의 일이다. 괴로움이
사라져도 잠시만 기쁠 뿐이고 이내 다른 괴로움이
나타난다. 하나의 괴로움이 사라지면 이 괴로움 때
문에 숨죽이고 있던 다른 괴로움이 나타난다. 그래
서 괴롭지 않기를 바라지 말고 괴로움이 있을 때마
다 알아차려야 한다. 괴로움을 통해서 더 나은 세상
을 본다. 괴로움은 내가 만들어서 생겼다. 하지만
괴로움은 고통을 주기 위해서 생기지 않았다. 자신
이 가야할 바른 길이 무엇인지를 알게 하기 위해서
나타났다. 괴로움 없이는 결코 성장할 수 없다. 다
만 괴로움을 어떻게 대하느냐에 따라서 독이 될 수
도 있고 약이 될 수도 있다. 괴로움을 있는 그대로
알아차릴 때만이 약이 된다.

279

아무리 좋은 음식이 있어도 마음이 편한 것이 더 영양가가 있다.

280

이 세상은 수많은 정신세계의 집합장이다. 사람 수만큼 많은 정신세계가 모여 있다. 자기가 생각하는 정신세계도 있지만 남이 생각하는 정신세계도 함께 있다. 자기가 생각하는 것보다 더 다양한 다른 정신세계가 있는 것을 알아야 한다. 자기 생각만 하면 언제나 비틀거리면서 부딪치고 살 수밖에 없다. 내 생각이 아닌 다른 정신세계가 있는 것을 알아야 비틀거리지 않고 균형을 이루면서 살 수 있다. 마음이 균형을 이룰 때만이 고요함이 생겨 괴로움이 소멸한다.

선배들이 모두 세상을 떠나고 이제 내가 그 빈자리를 물려받았다. 지난날도 철이 없었지만 지금도 철이 없는 것은 마찬가지다. 젊은 날 선배들은 내게 이렇게 말했다. 내가 자네 나이만 같았어도 좋겠다고. 이제 내가 그 말을 해야 할 때가 되었다. 그러나 나는 젊은이들에게 똑같은 말을 하지 않는다. 다시 젊어졌다고 해도 예나 다름이 없을 것이기 때문이다. 젊기를 바라는 것은 꿈속에서 또 꿈을 꾸는 것이다. 이런 꿈은 부질없는 욕망일 뿐이다. 사람이 세상을 사는 것이 거슬러 올라간다고 해서 특별할 것이 없다. 젊은 시절로 돌아가고 싶지 않은 것은 지금 만나고 있는 붓다의 소중한 가르침을 배울 수 없을지도 모르기 때문이다.

282

현상계는 일어나서 사라지는 질서만 있다. 인간의 몸과 마음도 작게는 매순간 일어나고 사라진다. 크게는 일정기간 동안 성장의 일어남이 있고 그 정점을 끝으로 사라짐의 쇠퇴의 과정이 있다. 이 끝에 죽음이 있으며 다시 일어나는 새로운 태어남이 있다. 이런 과정을 지배하는 것이 어리석음과 욕망이다. 그러나 모든 사람에게 일어나고 사라지는 과정만 있는 것이 아니다. 어리석음과 욕망이 사라지고 단지 작용만 하는 마음을 가지면 매순간의 일어나고 사라짐은 있지만 죽은 뒤에 새로운 일어남이 없다. 그래서 다시 태어나지 않는다. 이때 일어남과 사라짐이 완전하게 종식된다. 단지 작용만 하는 마음이 깨달음이고 윤회의 끝이다.

지나치게 남을 의식하면 나의 삶을 사는 것이 아니
고 남의 삶을 산다. 그러면 남에 의해 조정되는 삶
을 사는 것이다. 마음이 밖으로 나갔으면 일단 안으
로 돌려야 한다. 자신의 내면을 탐구하여 고요함을
얻어야 외부의 자극에도 흔들림이 없이 살 수 있다.
고요한 마음이 되어 밖으로 나갔을 때라야 상호존
중과 사랑이 흐른다. 남을 의식하는 마음에는 남이
나를 알아주기를 바라는 허영심이 있다. 겉으로 드
러난 명예를 집착하면 내면을 탐구하는 마음이 자
라지 못한다. 바라다가 얻지 못하면 분노로 바뀌어
남을 무시하게 되고 적대적인 마음이 생긴다. 욕망
으로 인해 남을 미워하는 순간에 생긴 화는 온전하
게 자신의 피해로 돌아온다.

284

사람의 마음은 하나의 요소만 가지고 있지 않다. 좋아하는 마음과 함께 싫어하는 마음이 있으며 그저 그런 마음도 있다. 마음은 매순간 조건에 의해 좋아하다가도 싫어하고, 싫어하다가도 좋아한다. 좋아하거나 싫어하지 않으면 그냥 덤덤한 마음을 가지고 다시 좋아하거나 싫어할 준비를 한다. 바람처럼 흔들리는 마음은 자신을 괴롭힌다. 조용히 자신의 호흡을 알아차리면 바람 같은 마음이 고요해져 평온을 얻는다. 그러나 마음은 호흡에 머물려 하지 않는다. 하지만 노력을 해서 머물게 하면 들뜬 마음이 가라앉아 평정을 유지할 수 있다. 몸과 마음을 있는 그대로 알아차리지 못하면 습관적으로 살아 좋아하고 싫어하고 덤덤하게 산다.

남이 말하는 소리를 모두 다 믿는가? 말하는 사람도
불확실한 상태로 말한다. 설령 확신이 선채로 말한
다고 해도 모두 알고 말하는 것은 아니다. 다만 그
렇게 말하고 싶어서 말할 뿐이다. 설령 남의 말이
잘못이라고 판단이 되어도 상대를 탓할 것 없다. 누
구나 무엇인가를 말하고 싶어서 할 뿐이다. 말은 말
하는 사람의 것이지 나의 것이 아니다. 그의 것을
그에게로 두고 내 것으로 하지 않을 때 세상의 시비
에 휩쓸리지 않는다. 바른 말은 받아들이고 바르지
못한 말은 그의 말로 두어야 한다. 내가 말을 할 때
도 오직 나의 이익을 위해서 말하지 않았는가? 내가
확신을 가지고 말했다고 해도 완전하게 알고 말한
것은 아니지 않은가?

286

나의 이익을 위해 남을 비난하지 마라. 남을 비난하는 순간 내가 비난을 받는다. 나의 이익만 얻고 남의 이익을 무시하지 마라. 남의 이익을 무시하면 나의 이익이 달아난다. 서로가 함께 가야 더 큰 이익을 얻고 평화와 행복이 있다.

287

바른 법은 누가 만드는 것이 아니다. 바른 법은 자신의 바른 마음이 만들어서 자기가 갖는다. 삿된 법은 누가 만드는 것이 아니다. 삿된 법은 자신의 바르지 못한 마음이 만들어서 자기가 갖는다. 이 세상에 있는 바른 법도 내가 알지 못하면 내 것이 아니다. 이 세상에 있는 삿된 법도 내가 알지 못해서 내 것으로 한다. 바른 법도 내가 원해서 얻고 삿된 법도 내가 원해서 얻는다. 바른 법도 내가 굴절시키면 삿된 법이 된다. 삿된 법도 내가 바르게 펴면 바른 법이 된다. 바른 법 앞에서 과연 누구를 칭송하고 누구를 탓하면서 시비를 가리겠는가? 무엇이나 있는 그대로 알아차릴 때만이 바른 법을 보아 사물의 이치를 통찰할 수 있다.

288

지혜는 이해하는 것으로 시작하여 끊는 것으로 완성한다.

289

선한 일 앞에서는 항상 부족한 사람이라고 생각하라. 선한 일은 아무리 많이 해도 부족하다. 가장 선한 일은 자신의 몸과 마음을 알아차려서 지혜를 얻는 일이다. 지혜를 얻으면 자신뿐만 아니라 남에게도 지혜를 줄 수 있다. 자신과 남에게 모두 지혜를 얻게 하는 것보다 더 훌륭한 일은 없다. 선하지 못한 일 앞에서는 항상 특별한 사람이라고 생각하라. 특별한 사람은 선하지 못한 일을 하지 않는다. 선하지 못한 일을 이겨내고 선한 일을 하는 것보다 더 특별한 지혜는 없다. 선한 일 앞에서는 겸손하고, 선하지 못한 일 앞에서는 당당해야 한다. 겸손할 때 선한 일을 더욱 많이 하게 되고, 당당할 때 선하지 못한 일을 하지 않는다.

290

사람이 법이 아니라 말하고 행동하는 가르침의 내용이 법이다. 사람이 유명하면 그 법이 오래가지 못한다. 사람이 아닌 그 가르침의 내용이 훌륭해야 법이 오래 간다. 사람에게 맞추어진 것은 진정한 법이 아니다. 진실은 겉으로 드러난 모양이 아닌 내용에 있다. 궁극의 법은 사람에 있지 않고 말하고 행동하는 내용에 있다. 법은 듣는 사람의 감성에 호소하는 것으로는 한계가 있다. 법이 가지고 있는 이성적인 내용만이 사물의 본질을 관통한다. 감성도 필요하지만 뚫는 것은 이성의 힘으로써만이 가능하다. 유명한 것을 쫓는 것보다 훌륭한 것을 쫓아야 한다. 유명한 것에는 훌륭한 진실이 없고 훌륭함에는 유명하지 않은 진실이 있다.

291

세상의 일에는 겉으로 드러난 것과 다른 진실이 있다. 모두 자기 생각을 하지만 진실은 이와 다르게 저 스스로의 의미를 가지고 있다. 마음이 밖으로 나가면 겉으로 드러난 것을 본다. 자신의 내면을 통찰하면 대상이 가지고 있는 진실을 본다. 모든 것은 변하고 만족할 수 없으며 자아가 없다는 것만이 진실이다.

292

감성적인 마음에는 부드러움과 사랑이 있지만 미움과 질투도 있다. 이성적인 마음에는 선명함과 지혜가 있지만 상대를 배척할 위험도 있다. 감성적인 가슴만 있고 이성적인 머리가 없으면 안 된다. 이성적인 머리만 있고 감성적인 가슴이 없으면 안 된다. 감성을 바탕으로 하고 이성을 기치로 할 때 바른 견해가 생긴다.

293

욕망을 가지고 하는 일에는 만족이 없다. 괴로움을 잊기 위해 다른 것에 매달려도 다시 괴로움을 겪는다. 단지 이 괴로움에서 저 괴로움으로 옮겨갈 뿐이다. 욕망은 화려하지만 결과는 언제나 초라하다. 욕망을 가지고 하지 말고 단지 필요한 일이라서 해야 한다. 선한 일도 필요해서 하면 욕망으로 하지 않아 선한 일로 남는다. 선한 일을 했는데 왜 이런 고통을 겪느냐고 말하지 마라. 선한 일도 욕망으로 하면 예외 없이 괴로움이 따른다. 괴로움은 누가 주는 것이 아니다. 괴로움을 겪는 것도 자기가 한 대로 받고 괴로움을 겪지 않는 것도 자기가 한 대로 받는다. 잊기 위해서 다른 것에 매달려도 해결되지 않으니 그냥 알아차려야 한다.

294

남의 성공을 시샘하면 내가 성공했을 때 시샘을 받는다. 남의 실패를 반기면 내가 실패했을 때 반김을 받는다. 남의 성공을 시샘하면 내가 실패한다. 남의 실패를 동정하면 내가 성공한다. 남을 경쟁자로 보지 말고 동반자로 보아야 서로가 행복하다. 모든 일은 저마다의 조건에 따라 성공과 실패를 거듭할 뿐이다. 성공할 요인이 있어서 성공하고 실패할 요인이 있어서 실패하지만 이것도 조건에 따라 일어나고 사라지는 것을 거듭한다. 남의 성공을 시샘하고 남의 실패를 반겨서 무엇을 얻겠는가? 진정한 성공은 모든 것이 일어나고 사라지는 것을 아는 지혜를 얻는 것이다. 무상의 지혜가 나면 성공과 실패에 초연해져 괴로움이 없다.

295

인간이 이 세상에 태어난 것은 자신이 행한 업의 과
보를 받은 것이다. 많은 생명 중에 인간으로 태어난
것은 매우 소중한 인연이 아닐 수 없다. 그러므로
자신의 행위로 인해 태어난 삶은 반드시 자신이 책
임을 져야 한다. 이 세상에서 누가 내가 한 일을 책
임질 수 있겠는가? 가장 가까운 가족도 책임지지 못
하는데 하물며 남인들 책임질 수 있겠는가? 책임질
나도 없지만 내가 한 일을 살펴야 할 사람은 오직
자신밖에 없다. 자신이 한 일을 책임지지 못한다면
자기 의무를 다하지 못한 것이다. 그러면 새로운 과
보로 인해 앞으로 더 괴롭게 살아야 하며 미래의 희
망도 기대할 수 없다. 자신이 벌린 일은 반드시 자
신이 해결해야 한다.

296

선한 일도 모두 자기 이해에 얽혀서 한다. 그러므로 선한 일을 했다고 자랑할 것 없다. 바라는 마음으로 선한 일을 하면 괴로움이 따른다. 바라는 것을 얻지 못하면 선한 일이 선하지 못한 일이 되고 만다. 그러므로 선한 일을 할 때 "지금 무슨 마음으로 하는가?"하고 알아차려야 한다. 이때 바라는 마음이 있으면 잠시 하던 일을 멈추어야 한다. 그런 뒤에 다시 "지금 무슨 마음으로 하는가?"하고 알아차린다. 이때 바라는 마음이 없으면 하던 일을 계속해야 한다. 바라는 마음 없이 했을 때 온전하게 선업의 공덕이 있다. 이렇게 했을 때 선업의 공덕이 증장된다. 그래야 스스로 만족할 수 있고 나쁜 결과도 생기지 않는다.

대상이 있으면 즐거움과 괴로움과 덤덤함이 일어난다. 하지만 일어난 것은 모두 괴로움으로 변한다. 모든 것은 변하고 만족할 수 없으며 내 마음대로 되지 않기 때문에 괴롭다. 대상이 생기지 않으면 즐거움과 괴로움과 덤덤함이 없다. 여섯 가지 감각기관이 있는 한 대상이 생기지 않을 수 없어 구조적으로 괴로움에서 벗어나지 못한다. 대상이 생길 때마다 있는 그대로 알아차리면 괴로움에서 벗어난다. 있는 그대로 알아차릴 때만이 불가피한 상황에서 벗어날 수 있다. 이미 생긴 괴로움은 어쩔 수 없으므로 이것도 하나의 알아차릴 대상이다. 알아차리면 괴로움이 없어 자유를 얻는다. 알아차리지 못하면 괴로움이 있어 속박 당하며 산다.

298

무엇인가 부족하게 느끼는 것이 불만족이다. 만족할 수 없기 때문에 괴로움이 생긴다. 불만족의 밑바닥에는 욕망이 있다. 욕망이 충족되지 않아서 괴로움이 생긴다. 욕망이 있으면 어떤 것을 얻더라도 만족하지 못한다. 감각적 욕망은 항상 어리석음과 함께 있다. 부족하게 느낀 사소한 마음이 욕망이고 이것이 괴로움의 원인이다. 괴로움은 부족하게 느끼는 사소한 일로부터 시작된다. 사소하게 느끼는 마음이 쌓이면 고정관념이 되어 자신을 지배한다. 작은 일도 알아차려야 큰 괴로움에 빠지지 않는다. 모든 일의 시작은 항상 지금 이 순간에 있는 몸과 마음이다. 몸과 마음을 있는 그대로 알아차리면 시작이 좋아 중간도 좋고 끝도 좋다.

299

오늘 하루 괴로운 일이 있으면 내일은 즐거운 일이 있다. 오늘은 괴로웠지만 시간이 지나면 어쩔 수 없이 받아들이게 된다. 이것이 즐거운 일이다. 오늘 하루 즐거운 일이 있으면 내일은 괴로운 일이 있다. 오늘은 즐거웠지만 항상 즐거울 수는 없다. 오늘 즐거움에 취하면 내일 같은 것을 바란다. 이것이 괴로운 일이다. 괴로움과 즐거움은 매순간 일어나는 느낌이다. 느낌은 일어난 순간에 사라지고 새로운 느낌이 일어난다. 새로운 느낌은 같은 느낌이 지속될 수도 있고 다른 느낌으로 바뀔 수도 있다. 괴롭거나 즐거울 때마다 알아차리지 못하면 범부의 느낌이 지속된다. 괴롭거나 즐거울 때마다 알아차리면 성자의 느낌으로 바뀐다.

300

기회는 자신의 마음과 능력이 만든다. 기회가 왔다고 해서 모든 기회가 자신에게 유익한 것은 아니다. 자신에게 온 기회가 오히려 해로울 수도 있다. 자신의 마음이 선하고 감당할 만한 힘이 있을 때 좋은 기회가 된다. 자신의 마음이 선하지 못하고 감당할 만한 힘이 없으면 나쁜 기회가 된다. 욕망으로 기회를 잡으려다 오히려 파멸에 이른다. 헛된 명예를 아 기회를 잡으려고 하면 오히려 불명예를 당한다. 내가 해야 할 일과 하지 말아야 할 일이 있다. 해야 할 일도 자신에게 알맞은 일이 있고 알맞지 않은 일이 있다. 어리석으면 무엇이 알맞은 일인지 알지 못한다. 오직 이성적인 판단을 할 때만이 알맞은 일을 선택할 수 있다.

옹달샘

11

•

•

•

진실은 항상 있는 그대로의 성품을 보이고 있다

선입관을 가지고 대상을 보면 드러나 있는 진실을 보지 못한다.
대상을 있는 그대로 보아야 대상의 성품을 알 수 있다.
대상의 성품을 아는 지혜가 생기면 대상을 볼 때마다 지혜로 본다.
대상의 성품인 무상, 고, 무아를 알아야 괴로움의 속박에서 벗어난다.

알아차림은 좋은 것을 기억해서 실천하는 행위다. 기억만 하고 실천하지 않으면 알아차림이 아니다. 알아차림은 선한 행위이기 때문에 좋은 것을 기억하고 좋지 않은 것은 기억하지 않는다. 좋은 것을 기억하면 좋은 행위를 하고, 좋지 않은 것을 기억하면 좋지 않은 행위를 한다. 알아차림은 알아차리는 것을 기억하여 알아차리지 못했을 때는 알아차리고, 알아차렸을 때는 알아차림을 지속한다. 알아차림은 감각기관의 문을 지키는 문지기의 역할을 해서 여러 가지 번뇌가 들어오는 것을 막는다. 알아차림이란 문지기가 없으면 번뇌라는 도둑이 들어와 주인행세를 한다. 알아차림은 물위에 떠있는 공처럼 항상 대상과 함께 있어야 한다.

견디기 힘든 괴로움이 있어도 너무 좌절하지 마십시오. 괴로움은 사소한 것인데 자신이 키워서 크게 느낍니다. 이 세상에 영원한 것은 없습니다. 괴로움도 한때의 생각에 지나지 않습니다. 괴로움이 있어도 내가 생각하기에 따라 즐거움이 될 수 있습니다. 괴로움은 내가 한 행위로 인해서 생긴 결과입니다. 그러므로 기꺼이 받아들여야 합니다. 내가 괴로움을 겪을 행동을 해서 괴로움을 겪지만 그간에 좋은 일도 했습니다. 그러니 머지않아 즐거운 일이 있을 것입니다. 내가 괴로움을 여의지 않으면 즐거움이 오는 것을 막습니다. 괴로움을 알아차려서 그치게 해야 새로운 즐거움이 옵니다. 지금 즐거움이 오도록 문을 열어야 합니다.

303

사성제의 진리를 아는 자가 붓다를 아는 자다. 사성
제의 진리는 붓다에 의해서 설해졌기 때문이다. 사
성제의 진리를 모르면 붓다에 대해 확신을 갖지 못
한다. 확신에 찬 믿음은 수행의 지혜로 생긴다.

304

선하지 못한 마음일 때는 선하지 못한 마음이 삶을
지배한다. 그래서 탐욕, 성냄, 어리석음으로 괴롭
게 산다. 선하지 못한 마음일 때 선하지 못한 마음
을 알아차리면 선한 마음으로 바뀐다. 그래서 관용,
자애, 지혜로 즐겁게 산다. 선한 마음일 때도 선한
마음을 알아차리면 다시 선하지 못한 마음으로 바
뀌지 않는다. 그래서 보시, 지계, 수행을 하여 고요
하게 산다. 선한 마음과 선하지 못한 마음은 각각의
영역이 있어서 서로 섞이지 않는다. 선하지 못한 마
음은 선하지 못한 행동을 하여 선하지 못한 과보를
받는다. 선한 마음은 선한 행동을 하여 선한 과보를
받는다. 어떤 마음이나 있는 그대로 알아차리면 중
도의 마음이 되어 행복하다.

305

어리석은 사람은 감각적 욕망에서 달콤함을 보고,
지혜가 있는 사람은 감각적 욕망에서 고통을 본다.

306

진실은 항상 있는 그대로의 성품을 보이고 있다. 선
입관을 가지고 대상을 보면 드러나 있는 진실을 보
지 못한다. 대상을 있는 그대로 보아야 대상의 성품
을 알 수 있다. 대상의 성품을 아는 지혜가 생기면
대상을 볼 때마다 지혜로 본다. 대상의 성품인 무상,
고, 무아를 알아야 괴로움의 속박에서 벗어난다.

307

조건에 의해서 일어난 고통은 조건이 소멸하면 사라진다. 가장 이상적인 조건은 있는 그대로 알아차리는 것이다.

308

좋은 관계도 인연이 닿아서 만나고 좋지 않은 관계도 인연이 닿아서 만난다. 어떤 만남이거나 인연이 닿아서 만난 것은 일단 받아들여야 한다. 좋은 관계로 만났다고 해서 반드시 좋은 관계가 지속되는 것은 아니다. 좋지 않은 관계로 만났다고 해서 반드시 좋지 않은 관계가 지속되는 것도 아니다. 어떤 관계이거나 자신의 입장에서만 보지 말고 자신의 입장과 함께 상대의 입장도 배려해야 한다. 그러면 좋은 관계는 오래 지속되고 좋지 않은 관계도 좋은 관계로 개선된다. 내 입장에서만 생각하면 좋은 관계도 오래 지속되지 못하고 좋지 않은 관계는 더욱 나빠진다. 어떤 관계이거나 새로운 인연은 자신이 행하기에 따라 만들어진다.

309

탐욕은 탐욕을 자양분으로 삼아 더 커진다. 탐욕은 관용으로써만이 사라지게 할 수 있다. 성냄은 성냄을 자양분으로 삼아 더 커진다. 성냄은 자애로써만이 사라지게 할 수 있다. 어리석음은 어리석음을 자양분으로 삼아 더 커진다. 어리석음은 지혜로써만이 사라지게 할 수 있다. 탐욕과 성냄과 어리석음을 억지로 없애려고 해서는 결코 없어지지 않는다. 탐욕이 있을 탐욕이 있는 것을 알아차려야 한다. 그러면 관용이 생겨 탐욕이 소멸한다. 성냄이 있을 때는 성냄이 있는 것을 알아차려야 한다. 그러면 자애가 생겨 성냄이 소멸한다. 어리석음이 있을 때는 어리석음이 있는 것을 알아차려야 한다. 그러면 지혜가 생겨 어리석음이 소멸한다.

310

누구를 위해 사는가? 먼저 자신을 위해 살아야 한다. 그래야 다음에 남도 있다. 내가 없으면 남도 없다. 자신을 위해 살아야 자기를 책임질 수 있으며 남에게 피해를 주지 않는다. 자신을 위해 살면 자신의 이익은 물론 남에게도 유익하다. 나의 이익이 있어야 남을 배려하는 마음이 생긴다. 자신의 삶을 감당하지 못하면 가족이나 사회에 고통을 준다. 자기 삶을 충실히 했을 때 더불어 남을 위해 헌신할 수 있다. 자신의 삶을 사는 것이란 자신의 몸과 마음을 알아차리는 것이다. 항상 자신의 몸과 마음을 알아차려서 내면을 통찰해야 한다. 자신의 몸과 마음이란 밭을 일구어서 지혜라는 결실을 얻을 때만이 모든 번뇌를 여읜다.

괴로울 때 괴로움을 알아차리십시오. 괴로움이 있는 것을 아는 것이 지혜입니다. 괴로움을 자각해야 다시 괴로움을 일으킬 행위를 하지 않습니다. 이미 생긴 괴로움을 피하려고 하지 마십시오. 괴로움은 괴롭지 않으려는 마음 때문에 더 커집니다. 괴로움을 있는 그대로 알아차리는 것이 괴로움에서 벗어나는 유일한 길입니다. 괴로울 때는 먼저 괴로움이 있는 것을 알아차려야 합니다. 그런 뒤에 괴로운 마음을 알아차립니다. 그리고 가슴으로 가서 괴로운 마음이 일으킨 두근거리는 느낌과 호흡을 알아차려야 합니다. 괴로움은 알아차릴 대상이 될 때 법으로 바뀝니다. 괴로움이 법으로 바뀌면 괴로움은 사라지고 느낌과 호흡만 남습니다.

312

눈을 뜨고도 바르게 보지 못하는 것은 어리석음으로 보고 지혜로 보지 못하기 때문이다. 눈을 뜨고 보아도 관념으로 보면 대상의 모양만 보아서 실재하는 성품을 보지 못한다. 이것이 보고도 보지 못하는 범부의 마음이다. 눈을 감고도 바르게 보는 것은 지혜로 보고 어리석음으로 보지 않기 때문이다. 눈을 감고 보아도 실재를 보면 대상의 모양이 아닌 성품을 본다. 이것이 바르게 아는 성자의 마음이다. 관념으로 보면 대상이 가지고 있는 성품인 무상, 고, 무아를 볼 수 없다. 실재를 보아야 대상이 가지고 있는 성품인 무상, 고, 무아를 볼 수 있다. 관념이 아닌 실재를 보아야 법이 있다. 눈으로 보지 말고 마음으로 보아야 법이 보인다.

313

마음이 선해도 습관이 나쁘면 선하지 못한 마음으로 바뀐다. 습관은 그렇게 되기를 바라는 것으로 새로운 본성을 만든다.

314

세상을 바르게 사는 방법 중의 하나가 비난을 감수하는 것이다. 누구나 비난으로부터 자유로울 수 없다. 말을 하지 않으면 말이 없다고 비난받는다. 말을 하면 말이 많다고 비난받는다. 필요한 말을 하면 필요한 말만 한다고 비난받는다. 바른 행동을 하면 잘난 체한다고 비난을 받는다. 바르지 못한 행동을 하면 나쁘다고 비난을 받는다. 이름 없이 살아도 비난을 받고 이름이 나면 더 비난을 받는다. 살인을 한 범죄자도 비난을 받지만 위대한 정신적 지도자는 더 많은 비난을 받는다. 비난을 받고 똑같이 상대를 비난하면 상대와 내가 같은 사람이다. 상대의 비난을 상대의 일로 두고 깨진 종처럼 반응하지 않으면 지혜로운 사람이다.

315

자아가 강하면 견고해보여도 생명력이 없어 허약하다. 자아는 독선적이라서 진실 앞에서 무력하다. 자아는 소통이 단절되어 폭발의 위험이 있다. 자아는 향기가 없어 나비를 부르지 못한다.

316

인간의 생명은 그 자체가 존귀하다. 누구도 다른 생명을 해칠 권리가 없다. 자신의 생명을 소중하게 여겨야 타인의 생명도 소중하게 여긴다. 자신의 견해를 존중해야 타인의 견해도 존중한다. 서로의 견해를 존중할 때 서로의 생명을 존귀하게 여긴다. 나만 있고 남이 없다면 이 세상이 존재할 수 없다. 사람들의 견해는 항상 다르기 마련이다. 나의 견해와 남의 견해가 다르다고 해서 남의 견해를 배척해서는 안 된다. 모든 꽃들이 저마다의 모양과 향기가 있듯이 다양함은 오히려 아름다움이다. 획일화된 것에는 생명이 가지고 있는 고유한 특성이 없다. 서로의 다양함이 조화를 이루도록 하려면 모든 것을 있는 그대로 알아차려야 한다.

317

멀리보지 말고, 뒤돌아보지 말고, 좌우를 살펴보지
말아야 한다. 오직 지금 여기에 있는 몸과 마음을
알아차려야 한다. 멀리 보면 미래에 대한 생각이고,
뒤돌아보면 과거에 대한 생각이고, 좌우를 살펴보
면 현재를 잃어버린 생각이다. 지금 여기에 있는 몸
과 마음을 알아차릴 때만이 현재에 머문다. 미래는
오지 않은 것이라서 실재가 아니고, 과거는 지나간
것이라서 실재가 아니고, 좌우를 살피는 것은 부질
없는 일에 관심을 갖는 것이라서 실재가 아니다. 지
금 여기에 있는 몸과 마음을 알아차리는 것만이 실
재하는 현상이다. 생각은 실재가 아니라서 한낱 꿈
에 불과하다. 꿈은 현실이 아니다. 꿈이 아닌 실재
에서만이 지혜가 난다.

318

불편한 것을 받아들였다면 너그러운 마음이 있기 때문이다. 이러한 마음은 평화롭다. 불편한 것을 있는 그대로 받아들이지 못하면 화를 낸다. 부당한 일을 받아들였다면 자애가 있기 때문이다. 이러한 마음은 따뜻하다. 부당한 일을 있는 그대로 받아들이지 못하면 미워한다. 괴로움을 받아들였다면 지혜가 있기 때문이다. 이러한 마음은 고요하다. 괴로움을 있는 그대로 받아들이지 못하면 고통을 겪는다. 괴로움을 있는 그대로 받아들일 때만이 고통에서 벗어난다. 있는 그대로 본다는 것은 어떤 선입관 없이 단지 대상으로 알아차리는 것을 말한다. 이렇게 알아차리면 대상을 보는 새로운 마음이 생겨 이미 생긴 번뇌에서 벗어날 수 있다.

319

자신의 마음이 아닌 다른 것에는 답이 없다. 대상을 보는 내 마음가짐에 답이 있다

320

마음은 믿을 것이 못된다. 마음은 매순간 변하고 나의 마음이 아니기 때문이다. 지금 이 순간의 마음은 이 순간에만 있고 조금만 지나도 다른 마음이 일어난다. 이런 마음으로 어떤 맹세를 해도 소용없다. 마음은 과보에 따라 일어나기 때문에 어떤 각오를 해도 한순간에 그치고 만다. 마음은 조건에 의해 일어나고 사라질 뿐이지 내 마음이 있어서 내가 마음대로 할 수 있는 것이 아니다. 좋은 조건을 만나면 좋은 마음이 일어나고 나쁜 조건을 만나면 나쁜 마음이 일어난다. 그러므로 항상 좋은 조건을 만들어야 괴로움을 여의고 행복을 얻을 수 있다. 가장 이상적인 조건은 매순간 있는 그대로 알아차려서 청정한 마음을 갖는 것이다.

321

즐거움을 독으로 알아야 즐거움을 집착하지 않는
다. 괴로움을 약으로 알아야 괴로움으로 인해 비탄
에 빠지지 않는다.

322

남에게 보이기 위해서 살지 말고 자신의 삶을 살아
야 한다. 남에게 보이기 위한 삶은 남의 삶을 사는
것이지 자신의 삶을 사는 것이 아니다. 자신의 몸과
마음을 알아차릴 때만이 자신의 삶을 산다. 진실은
언제나 자신의 내면에 있다. 누구도 나의 삶을 살아
주지 않는다. 오직 자신만이 자신의 삶을 살 수 있
다. 혼자서 가는 길을 고독하다. 어차피 혼자 태어
나서 혼자 살다가 혼자 죽어야 한다면 혼자서 갈 수
밖에 없다. 혼자서 가지 않으려는 사람은 욕망이 있
어 아름답지 못하다. 혼자서 가는 사람은 지혜가 있
어 아름답다. 이 세상에 오직 혼자밖에 없다고 알
때 자신의 삶을 책임질 수 있다. 그래서 고독함은
괴로움이 아니고 자유다.

323

계율과 지혜는 두 개의 날개와 같다. 두 개의 날개가 있어야 하늘을 날 수 있듯이 계율과 지혜가 함께 있어야 괴로움의 속박에서 벗어난다. 계율은 자신이나 남을 막아서 보호한다. 계율이 바탕이 될 때 비로소 지혜가 난다. 지혜가 나서 도덕적 규범이 완전해 질 때 고통에서 벗어난다. 계율만 있고 지혜가 없다면 하늘을 날 수 없는 새와 같다. 계율은 수단이지 목표가 아니다. 계율은 기본적인 덕목이지만 그것 자체가 목적이서는 안 된다. 계율이 있으면 청정함은 있지만 지혜가 없어 법의 성품을 보지 못한다. 이처럼 계율은 반드시 필요하지만 그것 자체에 함몰되면 또 다른 속박을 만든다. 계율만 있고 지혜가 없으면 계율에 구속된다.

324

상대를 대할 때 상대가 하는 방식대로 대응해서는 안 된다. 상대가 공격적으로 말한다고 해서 자신도 공격적으로 대응해서는 안 된다. 상대가 자신의 축적된 성향으로 대할 때 똑같이 축적된 성향으로 대해서는 안 된다. 상대가 진흙탕에서 뒹굴며 말한다고 해서 진흙탕으로 들어가 말해서는 안 된다. 상대를 대할 때는 상대의 태도와 상관없이 중도의 법으로 대해야 한다. 감각적 욕망과 극단적 배척이 아닌 오직 중도로 대응할 때만이 진실을 말할 수 있다. 중도가 아니면 상대의 방식으로 대응하게 되어 함께 진흙탕에서 뒹구는 것이다. 상대가 춤을 춘다고 따라서 춤을 추어서는 안 된다. 상대를 대하는 자신은 항상 평온을 유지해야 한다.

325

바람이 부는 들에 홀로 서서, 바람이 불면 밀려나
라. 바람에 밀리지 않으려고 맞서지 마라. 바람에
밀려 흔들려도 쓰러지지 마라. 거센 바람에 밀려 쓰
러지면 일어나 손을 털고 서있어라.

326

나는 때때로 그냥 미소를 짓는다. 찡그린 얼굴보다
미소 짓는 것이 낫기 때문이다. 미소를 지으면 순간
적으로 희망이 생긴다. 미소를 짓고 보니 불편했던
마음이 보인다. 미소를 짓기 전에는 불편한지도 모
르고 지냈다. 미소는 한 송이 꽃으로 피어나 내 마
음을 환하게 한다.

327

모든 것은 한순간으로부터 시작된다. 진실은 지금 여기에 있는 한순간에 있다. 수행자는 처음 한순간을 정확하게 알아차려야 한다. 한순간을 바르게 알아차려야 두 순간, 세 순간이 있다. 한순간을 바르게 알아차리지 못하면 다음 순간의 진실은 없다. 한순간의 호흡을 정확하게 알아차리면 두 순간, 세 순간의 호흡을 연속해서 알아차릴 수 있다. 한순간의 발의 움직임을 정확하게 알아차리면 두 순, 세 순간의 발을 연속해서 알아차릴 수 있다. 한순간의 마음을 정확하게 알아차리면 두 순간, 세 순간의 청정한 마음을 연속해서 알아차릴 수 있다. 이러한 한순간이 없으면 다음 순간은 오지 않는다. 모든 일의 성패는 한순간에 있다.

괴로움이 사라지기를 바라지 마라. 괴로움이 있는 것을 알아차리는 순간 괴로움은 사라진다. 괴로움을 알아차리는 마음이 새로 일어나면 있는 괴로움은 사라진다. 그러나 알아차림이 지속되지 않으면 사라진 괴로움을 기억하여 괴로움이 새로 일어난다. 일어난 괴로움은 같은 괴로움이 아니고 새로 일어난 괴로움이다. 이미 일어난 괴로움의 종자는 완전한 지혜가 나기 전까지는 잠재의식에 남아서 때를 기다리고 있다. 다만 알아차림의 지속에 의해 괴로움을 일시적으로 소멸시킬 수 있다. 괴로움을 알아차려서 순간적으로 소멸하는 과정을 지속시켜야 한다. 이러한 과정을 거쳐 궁극의 지혜가 날 때만이 괴로움이 완전히 소멸한다.

329

남과 가까워지면 소유하려는 욕망이 생긴다. 바라
는 것이 충족되지 않으면 미워서 멀어진다. 욕망으
로 만나지 말고 성냄으로 헤어지지 마라. 가까워지
려고 해도 괴롭고 멀리하려고 해도 괴롭다. 사람들
과의 관계는 그냥 있는 그대로 지내야 한다. 인연이
있어서 만났다가 인연이 다하면 헤어진다. 과거에
도 만나고 헤어지며 살았다. 지금도 만나고 헤어지
며 산다. 앞으로도 만나고 헤어지며 살 것이다. 이
렇듯 무수한 만남과 헤어짐을 집착하지 마라. 만남
과 헤어짐에 구속되지 않는 것이 행복이다.

330

세상은 항상 나를 시험한다. 내가 선한 마음을 가졌는지, 선하지 못한 마음을 가졌는지 문제를 준다. 내가 선하지 못한 답을 내면 그 순간에 나는 선하지 못한 세상에 산다. 내가 선한 답을 내면 그 순간에 나는 선한 세상에 산다. 세상이 준 문제에 대해 오직 내가 내린 답에 따라 나의 세계가 열린다. 세상의 모든 문제는 나의 답을 얻으려는 시험이다. 자신이 내린 답에 따라 그 세계의 삶이 있다. 이렇게 열린 세계는 항상 하지 않다. 내가 선하지 못한 답을 낼 때도 있고 선한 답을 낼 때도 있기 때문이다. 자신의 행복과 불행은 시험문제에 있지 않고 자신이 내린 답에 있다. 저마다 자신의 가치관이 내린 결론의 세계가 있을 뿐이다.

331

내가 사는 장소는 두 곳이 있다. 하나는 감각기관이
고 또 하나는 감각대상이다. 내가 사는 장소가 감각
기관일 때는 내 몸과 마음이 집이다. 내가 사는 장
소가 감각대상일 때는 세상의 물질이 집이다. 출세
간에서는 내 몸과 마음이 내 집이다. 세간에서는 세
상이 내 집이다. 내 몸과 마음을 집으로 살면 감각
적 욕망을 여읜다. 세상을 집으로 살면 세상의 일
에 정신이 팔려 감각적 욕망을 충족시키는 일에 몰
두한다. 내 몸과 마음을 알아차리면 세상의 번잡한
욕망에서 벗어난다. 내 마음이 머무는 곳이 내 집이
다. 내 마음이 안에 머물면 괴로움을 여의고 해탈의
자유를 얻는다. 내 마음이 밖에 머물면 욕망의 지배
를 받아 계속 윤회를 한다.

옹달샘

12

•

•

•

자기 생각에 함몰되면 자신만 있고 상대는 없다

자기만 있고 상대가 없으면 이기적인 마음이라서 법을 보지 못한다.
법을 보지 못하는 한 괴로움에서 벗어나지 못한다.
자기 생각에 빠져있으면 자신의 괴로움이 자기 때문인 줄 모른다.
이것이 법을 보지 못하는 것이다.
자기 생각만 하는 사람은 보고도 보지 못하는 장님이다.

332

선한 행위를 하면 기쁨이 있으므로 이것이 공덕을 받는 일이다. 선한 행위를 하면서 바라는 마음이 있으면 바란 만큼 공덕이 반감된다. 공덕을 바라는 마음이 욕망이기 때문이다. 선한 행위도 욕망으로 하면 자신을 오염시켜 공덕이 줄어든다. 바라는 마음이 있으면 항상 불만족을 갖기 마련이다. 만족할 수 없는 것이 괴로움이므로 스스로 공덕을 줄이는 것이다. 선한 행위를 했을 때 상대가 받아들이지 않는다고 해서 공덕이 없는 것이 아니다. 공덕은 행한 사람이 과보를 받는 것으로 다른 사람의 반응과는 상관이 없다. 그러므로 남을 의식하고 선한 행위를 하지 말아야 한다. 선한 일을 하고 스스로 만족할 줄 아는 것이 최상의 공덕이다.

매일 만나고 매일 헤어져라. 오늘 만나서 헤어지고 내일 만나지 못한다고 아쉬워 하지마라. 만남과 헤어짐은 인연에 따라 일어나고 사라진다. 인연이 있으면 내일도 만나고 인연이 없으면 다시 만나지 못한다. 매일 만나고 매일 헤어지는 인연을 받아들여야 만남을 집착하지 않는다. 만남을 집착하지 않아야 괴롭지 않다. 오늘 헤어져야 다시 만날 때 기쁘고 만나지 못해도 괴롭지 않다. 오늘 만날 때 헤어짐을 준비해라. 헤어지며 살아야 오늘의 만남에 미련이 없다. 헤어지며 사는 것이 현상계의 질서다. 무엇인가를 남기려는 것은 욕망이다. 남긴다 한들 태풍 속의 티끌이다. 살아온 발걸음대로 걸어가다 사라지는 것이 자연의 섭리다.

334

세상의 모든 것을 다 가질 수는 없다. 모든 것을
다 가지려는 것은 부질없는 욕망이다. 가지려고 해
서 갖지 못하면 공연히 화를 낸다. 가진 것도 충분
히 즐기지 못하면서 또 얻으려는 것은 어리석음이
다. 욕망과 성냄과 어리석음이 괴로움을 일으키는
원인이다. 부질없는 욕망으로 인해 가진 것도 잃어
버린다. 가진 것에 만족하고 감사하게 여겨라. 그러
면 가진 것에서 더 많은 가치를 발견한다. 가진 것
의 가치는 많이 갖는 것에 있지 않고 가진 것을 감
사하게 여기는 마음에 있다. 모든 대상을 있는 그대
로 알아차려서 감각적 욕망이 일어나지 않도록 해
야 한다. 감각적 욕망을 알아차리면 순간적으로 사
라지고 알아차리는 마음만 있다.

잘못이라고 보는 사람에게는 잘못이 있다. 잘못이 없다고 보는 사람에게는 잘못이 없다. 오직 자기 견해만 있으면 출구가 없다. 세간에서는 자신이 옳다고 주장한다. 그리고 상대의 마음을 바꾸려한다. 그래서 세간은 언제나 혼란하다. 출세간에서는 저마다의 마음이 있다고 안다. 그리고 대상을 보는 자신의 마음을 알아차린다. 그래서 출세간은 언제나 고요하다. 세상의 모든 일에 답이 있는 것은 아니다. 모두 저마다의 마음이 있을 뿐이다. 답을 얻을 수 없는 일에서 답을 얻으려 하는 것이 세간이다. 답을 얻으려 하지 않고 있는 그대로 알아차리는 것이 출세간이다. 답을 구하려고 하면 괴로움이 있고 그냥 지켜보면 고요함이 있다.

336

한가지의 괴로움이 있을 때는 매우 고통스럽다. 여러 가지의 괴로움이 동시에 생기면 오히려 괴로움에서 벗어난다. 한가지의 괴로움이 있을 때는 괴로움을 분리해서 알아차릴 수 없어 벗어나기 어렵다. 여러 가지의 괴로움이 있을 때는 괴로움을 분리해서 알아차릴 수 있어 벗어날 수 있다. 한가지의 괴로움일 때는 괴로움을 욕망으로 해결하려고 하여 더 크게 키운다. 여러 가지의 괴로움일 때는 괴로움을 있는 그대로 알아차려서 하찮은 것이라고 안다. 괴로움은 생각하기에 따라서 커 보일 수도 있고 하찮은 일에 불과할 수도 있다. 괴로움을 두려워하지 말고 있는 그대로 알아차려야 한다. 받아들이는 마음가짐에 따라 결과가 다르다.

과거의 원인으로 인해 현재의 결과로 태어난다. 현재의 원인으로 인해 미래의 결과로 태어난다. 인간의 성격, 지능, 미추 등은 과거의 원인으로 인해 생긴 현재의 결과다. 인간이나 인류의 불평등도 마찬가지다. 자신에게 선한 마음이 있으면서 또 악한 마음이 있는 것도 과거의 원인으로 인해 생긴 현재의 결과다. 훌륭한 부모에게 방탕한 자식이 태어나고 방탕한 부모에게 훌륭한 자식이 태어나는 것도 모두 원인과 결과다. 과거의 원인으로 현재가 되었지만 다시 과거의 원인을 똑같이 되풀이해서는 안 된다. 그렇다면 예나 지금이나 미래나 다를 것이 없기 때문이다. 내가 세상을 사는 이유는 오직 새로운 원인을 만들기 위해서다.

338

괴로울 때 답이 없어서 괴로움에서 벗어나지 못하는 것이 아니다. 답은 있지만 자신이 실천하지 않아서 벗어나지 못한다. 괴로울 때 괴로움을 해결하려고 하지 마라. 이미 생긴 괴로움은 해결하기 어렵다. 오직 괴로움을 있는 그대로 알아차릴 때만이 해결될 수 있다. 괴로움을 있는 그대로 알아차리면 집중력이 생기고 차츰 지혜가 나서 괴로움이 소멸될수 있다. 괴로움을 대하는 자신의 마음가짐에 따라 괴로울 수도 있고 괴롭지 않을 수도 있다. 자신의 마음가짐을 바르게 하기 위해서는 자신의 몸과 마음을 알아차려야 한다. 이렇게 단순한 방법이 있어도 사용하지 않고 괴로워하는 것은 자신의 욕망과 어리석음이 가로막기 때문이다.

상대로부터 선한 마음을 받았으면 받은 만큼 주지
말고 받은 것보다 더 많이 선한 마음으로 보답해라.
상대로부터 선하지 못한 마음을 받았으면 받은 만
큼 되갚지 말고 상대의 입장을 이해하고 연민의 마
음을 보내라. 선한 일에는 더 선한 마음을 내서 갚
아야 한다. 선하지 못한 일에도 선한 마음을 내서
포용해야 한다. 선한 마음으로 한 일에 선하지 못한
마음으로 갚아서는 안 된다. 선한 일을 악한 일로
갚으면 자신의 괴로움은 물론 사회의 질서를 파괴
한다. 불선을 불선으로 갚으면 자신의 괴로움은 물
론 끝없는 악순환만 계속된다. 상대가 한 대로 갚지
말고 언제나 더 많이 주고 따뜻하게 포용해야 자신
과 사회가 평화롭고 행복하다.

340

수행자가 경험하는 대상은 몸과 마음이다. 대상을 경험했다고 해서 다 아는 것이 아니다. 대상의 표면에 머물면 경험하고도 본질을 모른다. 대상이 가지고 있는 실재를 알아야 비로소 경험했다고 할 수 있다. 대상이 가지고 있는 실재는 일어나고 사라지며, 불만족이고, 나라고 할 만한 것이 없다. 대상은 있지만 실체는 없고 비어있어서 공(空)이라고 한다. 대상의 본질을 알면 더 이상 집착할 것이 없어 모든 감각적 욕망과 어리석음이 사라진다. 감각적 욕망과 어리석음이 사라지면 괴로움도 소멸하여 지고의 행복이 있다. 백년을 살아도 대상의 본질을 모르면 바르게 사는 것이 아니다. 하루를 살아도 대상의 본질을 알면 바르게 산다.

341

남이 나에게 선하지 못한 마음으로 유혹을 했을 때 내가 넘어가는 것은 내게 선하지 못한 마음이 있기 때문이다. 남이 나에게 선하지 못한 마음으로 유혹했어도 내 마음이 선하면 넘어가지 않는다. 남이 나에게 선한 일을 권했을 때 내가 그대로 실천하는 것은 내게 선한 마음이 있기 때문이다. 남의 유혹은 상대에 의해 유발된 것이고 나의 선택은 자발적으로 일으킨 것이다. 선하지 못한 유발에 반응하지 않으면 선한 자발이 일어난 것이다. 선한 유발에 반응하지 않으면 선하지 못한 자발이 일어난 것이다. 선한 유발이나 선하지 못한 유발이나 결정하는 것은 자발이다. 어떤 안팎의 상황에 관계없이 결정은 항상 자기 마음이 한다.

342

내가 하지 못하는 바른 일을 남이 했다고 시기하지
마라. 질투는 화를 내는 것으로 스스로 괴로움을 자
초한다. 어리석기 때문에 자신이 괴로움을 만든다.
남이 하는 바른 일을 시기하면 욕계의 족쇄에 묶여
사악도에 떨어진다. 내가 하지 못했어도 남이 바른
일을 하면 기쁘게 여겨라. 남이 한 바른 일을 기쁘
게 여기면 나도 똑같이 바른 일을 한 것이다. 선한
일을 기뻐하면 선한 일을 한 과보를 받는다. 선한
것을 시기하는 마음은 남이 선하지 못한 일을 하기
를 바라는 마음이다. 자신의 이기심으로 남을 질투
를 하면 살아서도 악한 세상에 살고 죽어서 악한 세
상에 태어난다. 선한 일을 기뻐하는 마음이 있으면
언제나 행복하게 산다.

343

세월은 내가 모르는 사이에도 거침없이 흘러간다. 설령 흘러가는 세월을 안다고 해도 어쩔 수 없다. 세월은 혼자서 흘러가지 않는다. 즐거움도 함께 가지고 흘러가고 괴로움도 함께 가지고 흘러간다. 사라진 즐거움을 바라면 감각적 욕망의 집착으로 인해 괴로움을 겪는다. 즐거움이 사라진 것을 알아차려서 법으로 받아들여야 한다. 사라진 괴로움을 기억해서 되살리면 어리석은 마음으로 인해 괴로움을 겪는다. 괴로움이 사라진 것을 알아차려서 법으로 받아들여야 한다. 모든 것들은 빠르게 흐르는 세월 속에서 일어난 순간에 사라져버린다. 있는 것이라고는 오직 무상밖에 없다. 그래서 나라고 할 만한 실체가 없고 소유할 것도 없다.

344

있는 그대로의 상태가 진리다. 있는 그대로의 상태
는 어떤 논쟁의 여지도 없다. 괴로움은 있는 그대로
의 진리다. 괴로움의 원인인 집착은 있는 그대로의
진리다. 괴로움이 있는 것과 괴로움의 원인은 실재
하기 때문에 세속의 진리다. 세속의 진리만 있어 괴
로움으로부터 벗어날 수 없는 것이 아니다. 수행을
해서 지혜를 얻으면 세속의 괴로움으로부터 벗어나
출세간으로 갈 수 있다. 괴로움의 소멸은 있는 그대
로의 진리다. 괴로움의 소멸에 이르는 팔정도는 있
는 그대로의 진리다. 괴로움의 소멸인 도과의 성취
와 괴로움의 소멸에 이르는 길인 팔정도는 출세간
의 진리다. 세간의 진리가 출세간의 진리로 완성되
는 것이 사성제의 고집멸도다.

자신이 한 일에 대해 보상받으려고 하면 괴로움의
덫에 걸린다. 욕망은 아무리 얻어도 만족할 수 없
다. 원하는 대로 얻지 못하면 상대를 미워한다. 바
라고 하면 좋은 일을 하고 나쁜 결과를 얻는다. 바
라는 마음이 있으면 자신도 괴롭고 남도 괴롭힌다.
바라는 마음 없이 하려면 단지 필요해서 해야 한다.
단지 필요해서 하면 욕망으로 하지 않아 결과에 연
연하지 않는다. 이렇게 할 때만이 스스로를 구속하
지 않아 하는 일이 자유롭다. 선한 일도 바라고 하
면 반쪽짜리 선한 일이 된다. 선한 일도 바라고 하
지 않을 때라야 완전한 선이 된다. 자신의 자유를
구속하는 것은 어리석은 일이다. 자신을 자유롭게
하는 것이 지혜로운 일이다.

자신만 갖는 것은 소유가 아니다. 오직 자신만 갖는 것은 소유가 아니고 집착이다. 나만 안다고 생각하면 아만심이 생겨 가진 것이 독이 된다. 진정한 소유는 자신뿐만 아니라 남과도 공유할 수 있을 때 누린다. 나와 남이 있을 때는 소유가 속박을 당한다. 나와 남이 없을 때 소유로부터 자유롭다. 내가 소유한 것도 일어난 순간에 사라진다. 소유한 마음이 일어난 순간에 사라지기 때문이다. 마음은 일어난 순간에 사라져서 내 마음이 아니다. 이렇듯 내 마음이 아니라고 알아야 비로소 소유의 집착으로부터 자유롭다. 모든 것은 변하고 순간의 마음만 있어 무엇도 소유할 수 없다. 소유할 수 없는 진실을 알아야 모든 것을 완전하게 얻는다.

내가 갖지 못했을 때는 좌절과 분노로 인해 있는 그
대로 볼 수가 없다. 내가 갖지 못한 것은 자신의 어
리석음과 게으름에서 비롯된 것이다. 내가 가졌을
때는 오만과 집착으로 인해 있는 그대로 볼 수가 없
다. 내가 가진 것은 나의 소유가 아니고 일어나고
사라지는 현상만 있다. 갖지 못했을 때 있는 그대로
보도록 노력해서 좌절하지 말아야 한다. 갖는 것만
이 능사가 아니고 무엇을 얻느냐 하는 것이 중요하
다. 가졌을 때 있는 그대로 보아 가진 것이 자기 것
이 아니라고 알아 자만하지 말아야 한다. 그래야 모
든 욕망의 속박에서 벗어나 자유를 얻는다. 소유는
세간의 일로 자유를 속박한다. 출세간에서는 소유
가 없어 항상 자유롭다.

348

괴로움을 통하여 성냄이 있음을 본다. 성냄을 통하
여 탐욕이 있음을 본다. 탐욕을 통하여 어리석음이
있음을 본다. 어리석음을 통하여 내가 있음을 본다.
성냄이 없으면 괴롭지 않다. 탐욕이 없으면 성내지
않는다. 어리석지 않으면 탐욕이 없다. 내가 없으
면 어리석지 않다. 괴로움에서 성냄과 탐욕과 어리
석음과 자아를 발견할 수 있다. 결국 자아가 있어서
어리석음과 탐욕과 성냄과 괴로움이 있다. 괴로움
을 통하여 겸손을 배우고 인생의 진실을 배우면 괴
로움이 즐거움이 된다. 모든 것을 대상으로 알아차
리면 그 자리에서 지혜가 난다. 대상을 있는 그대로
알아차려서 무아의 지혜가 나야 모든 번뇌가 소멸
한 해탈의 자유를 얻는다.

349

수행은 생각 끊기다. 생각이 끊긴 자리에 고요함이
있다. 고요할 때 지혜가 나 괴로움을 소멸시킨다.

350

불편함을 받아들이면 괴롭지 않다. 불편함을 받아
들이지 않으면 괴롭다. 불편함을 받아들이면 괴로
움이 즐거움이 된다. 불편함을 받아들이지 않으면
괴로움이 고통이 된다. 괴로움은 하찮은 것이라서
사소한 불편을 참지 못하는 것에부터 시작한다. 사
소한 불편도 참지 못하면 괴로움에서 벗어나기 어
렵다. 사소한 불편을 참지 못하는 것은 습관이다.
이러한 습관은 이기적인 마음이 있기 때문이다. 이
기적인 마음은 탐욕, 성냄, 어리석음과 함께 있어
항상 괴롭게 산다. 받아들이면 대상의 성품이 보여
괴롭지 않다. 받아들이지 않으면 대상의 성품을 보
지 못해 괴롭다. 괴로움은 누가 주는 것이 아니고
스스로의 마음가짐이 만든 결과다.

351

무슨 일을 지나치게 좋아하면 좋아하지 않는 일은 지나치게 배척한다. 좋을 때는 열정이지만 나쁠 때는 열정만큼 미워한다. 좋은 것을 지나치게 집착하지 말고 나쁜 것도 지나치게 집착하지 마라. 좋아하고 미워하면 새로운 원인을 만들어 괴로움을 겪는다. 좋아할 때 좋아하는 것을 알아차리고 미워할 때 미워하는 것을 알아차려야 한다. 좋아하고 미워하는 것이 없을 때 평온을 얻는다. 좋아하고 미워하는 것은 뾰쪽한 창과 같고 평온은 튼튼한 방패와 같다. 창만 있고 방패가 없으면 몸과 마음이 그대로 노출되어 성할 날이 없다.

352

자신을 잘 아는 사람이 있고, 전혀 모르는 사람이 있다. 지혜가 있는 사람은 자신을 잘 알고, 어리석은 사람은 자신을 전혀 모른다. 자신을 아는 사람은 향상된 삶을 살 수 있어 행복하다. 자신을 모르는 사람은 향상된 삶을 살 수 없어 불행하다. 자신을 알기 위해서는 몸과 마음을 있는 그대로 알아차려서 성품을 보아야 한다. 몸과 마음은 과거의 원인으로부터 왔으며 미래의 결과로 간다. 모든 생명은 과거의 어리석음으로 인해 현재의 결과를 받아서 산다. 그리고 다시 과거의 어리석음에 더하여 현재의 욕망을 보태어서 살고 있다. 자신을 안다는 것은 이런 구조적 관계가 끊임없이 지속되는 것을 아는 지혜를 얻고자 함이다.

남이 말하면 들어야 한다. 남이 물으면 대답해야 한다. 남이 좋은 말을 하면 받아들여야 한다. 남의 말을 듣지 않으면 남도 내 말을 듣지 않는다. 자기 말만 하면 이기적인 사람이 된다. 남이 묻지 않는데도 말하여 남을 설득하려고 하면 상대에게 반감을 살 수 있다. 남에게 충고를 할 때 욕망을 가지고 말하거나 화를 내면서 말하면 결코 공감할 수 없다. 욕망으로 말하면 남이 내 말을 받아들이지 않을 때 화를 내게 된다. 남에게 바른 길을 제시할 때는 이런 경우와 저런 경우를 말하여 스스로 선택하도록 해야 한다. 남이 좋은 말을 하면 받아들여서 교훈으로 삼아야 한다. 남이 좋은 말을 할 때 받아들이는 것이 지혜다.

354

내가 다 안다고 할 때는 더 모를 수 있다. 생각으로 아는 것은 완전하게 아는 것이 아니다. 생각으로 알면 지식으로 아는 것이지 지혜로 아는 것이 아니다. 지혜로 알아야 사물의 이치를 통찰하여 다 알 수 있다. 지식으로 알면 지혜로 알려고 하지 않아서 오히려 더 모를 수 있다. 지혜로 알면 내가 다 안다고 말하지 않는다. 오직 모른다는 것을 알 때만이 바르게 알 수 있다. 지식으로 알 때는 말만하고 실천하지 않는다. 지혜로 알 때만이 말없이 실천한다. 실천해서 끊을 때만이 지혜가 나서 바르게 아는 것이다. 지혜가 나기 위해서는 몸과 마음을 알아차리는 위빠사나 수행을 해야 한다. 무상, 고, 무아를 알아야 바르게 아는 것이다.

하고 싶은 말을 다하며 살아서는 안 된다. 하고 싶은 말을 다 하는 것은 자신의 욕망대로 사는 것이다. 자신의 욕망대로 하는 말은 스스로를 어리석게 만들고 남에게 고통을 준다. 절제하지 않고 하는 말은 청정하지 못해 자신을 오염시키고 자신과 남과 분열시킨다. 절제는 계율을 지키는 행위로 스스로를 보호하고 남도 보호한다. 절제하지 못하면 자신이 사는 것이 아니고 도둑에게 자신을 맡겨 도둑마음대로 살게 한다. 자신의 말은 언 땅에 새싹을 돋게 하는 힘이 있는가 하면 남을 죽이는 무서운 힘도 있다. 하고 싶은 말을 절제하면 따뜻한 봄바람이 될 수 있다. 자기 마음대로 말을 하면 날카로운 비수가 되어 상대를 찌른다.

356

자신의 맹세를 확신하지마라. 마음은 매순간 변하
므로 내 마음대로 되지 않는다. 상대에게도 맹세를
강요하지마라. 나의 맹세도 확신하지 못하는데 남
의 맹세는 더욱 믿을 수 없다. 이는 잡을 수 없는 마
음을 붙잡으려는 행위다. 마음을 구속하면 마음이
압박을 받아 더 빨리 변한다. 맹세는 다만 그렇게
되기를 바라는 소망이다. 굳은 언약을 지키고 싶어
도 지킬 수 없는 것을 받아들여야 한다. 누구도 자
신의 마음을 붙잡지 못하고, 상대의 마음도 붙잡지
못한다. 모든 것은 원인과 결과에 따라 자연스럽게
흘러간다. 흘러가는 마음을 알아차려서 무상을 보
면 무엇도 집착할 것이 없다. 집착할 것이 없을 때
욕망이 사라져서 자유롭다.

357

지나치게 좋아하면 지나치게 배타적이다. 좋을 때 열정적이면 나쁠 때 좋아한 만큼 미워한다. 좋은 것을 집착하면 그만큼 나쁜 것도 집착하여 화를 키운다. 욕망이 충족되지 않으면 상실감이 커 자신이나 남을 미워한다. 좋은 것을 집착하지 않아야 나쁜 것을 미워하지 않는다. 좋은 것도 알아차려서 감각적 욕망에 빠지지 말고, 나쁜 것도 알아차려서 배척하지 말아야 한다. 좋아하는 것도 지나치면 극단이고 싫어하는 것도 지나치면 극단이다. 하나의 극단은 반드시 다른 극단을 부른다. 두 가지 극단이 아닌 중도가 될 때만이 치우침이 없어 자유를 얻는다. 있는 그대로 알아차릴 때만이 집착하지 않아 자신과 남을 괴롭히지 않는다.

나의 생각이 내가 가는 길이다. 모든 사람들은 저마다 생각이 있다. 그래서 가는 길이 모두 다르다. 설령 생각이 같다고 해도 큰 뜻이 같을 뿐 실제의 내용은 다르다. 결국 이 세상은 혼자서 간다. 가족이 있고 사회가 있어도 단지 모여 있을 뿐 모두 저마다의 생각으로 자기의 길을 간다. 혼자 태어나서 혼자 살다가 혼자 죽는 것을 존중하지 못하면 괴로움을 겪는다. 혼자서 가는 길을 존중하면 다른 사람의 길을 존중하게 된다. 그러므로 혼자이지만 더불어 살기 때문에 혼자가 아니다. 혼자라고 해서 남이 가는 길을 무시하면 혼자서 가는 길이 아니다. 혼자서 가는 길이기 때문에 남이 가는 길을 존중해야 비로소 혼자서 갈 수 있다.

359

바른 길을 가는 것이 바르지 못한 길을 가는 것보다 더 어렵다. 누구나 어리석음과 욕망을 가지고 살기 때문이다. 선한 마음을 갖는 것이 선하지 못한 마음을 갖는 것보다 더 어렵다. 누구나 자아를 가지고 습관적으로 살기 때문이다. 어리석음과 욕망의 거친 물살을 거슬러 올라가지 않고서는 바른 길을 가기가 어렵다. 자아를 가지고 습관적으로 사는 거친 물살을 거슬러 올라가지 않고서는 선한 마음을 갖기가 어렵다. 축적된 성향은 그냥 사라지지 않는다. 몸과 마음을 있는 그대로 알아차리는 끈질긴 노력 없이는 무엇도 얻을 수 없다. 바른 길을 가려는 선한 마음은 저절로 오지 않는다. 나를 알아차려서 이기적 마음이 사라져야 온다.

360

자기 생각에 함몰되면 자신만 있고 상대는 없다. 자
기만 있고 상대가 없으면 이기적인 마음이라서 법
을 보지 못한다. 법을 보지 못하는 한 괴로움에서
벗어나지 못한다. 자기 생각에 빠져있으면 자신의
괴로움이 자기 때문인 줄 모른다. 이것이 법을 보지
못하는 것이다. 자기 생각만 하는 사람은 보고도 보
지 못하는 장님이다.

361

사람과의 만남을 사람에 두면 모양에 걸려 허물이
생긴다. 그러나 만남을 정신에 두면 모양에 걸리지
않아 허물이 생기지 않는다. 사람을 사람으로 대하
지 말고 만남의 정신에 두어야 한다. 만약 사람으로
대하면 상대를 소유하려는 욕망이 생겨 나중에 미
움으로 변한다. 사람과의 관계는 사람보다 법이 우
선되어야 한다. 사람이 우선이면 법은 없고 자신의
욕망만 있다. 사람의 욕망이 우선인 만남은 진실하
지 못해 오래 가지 못한다. 사람이 우선이면 자기
견해로만 생각하기 때문에 결국에는 파국을 맞는
다. 사람이 아닌 법으로 만나면 허물이 생기지 않고
오직 법의 정신만 있다. 법의 정신으로 만날 때만이
사람도 얻고 진실도 얻는다.

위대한 가르침이 있어도 생각으로 알면 완전한 가르침이 아니다. 가르침을 몸소 실천해서 지혜가 나야 바르게 안 것이다. 단지 생각으로 안 것을 알았다고 판단해서는 안 된다. 실천이 따르지 않으면 완전하게 안 것이 아니다. 생각으로 안 것은 대상의 표면에 머문 것이라서 번뇌를 소멸시킬 수 없다. 지혜로 알았을 때만이 대상의 실재를 알아 번뇌를 소멸시킨다. 지혜를 얻기 위해서는 생각을 일으킨 자신의 몸과 마음을 통찰해야 한다. 존재하는 것의 속성인 일어나고 사라지는 무상을 알아야 한다. 몸과 마음을 가졌다는 것이 괴로움이라고 알아야 한다. 몸과 마음을 내 마음대로 할 수 없다는 무아를 알아야 가르침을 안 것이다.

나와 생각이 같지 않다고 남을 배척하면 나와 생각이 다른 남도 나를 배척한다. 나와 생각이 달라도 남을 배척하지 않으면 나와 생각이 다른 남도 나를 배척하지 않는다. 생각이 다른 것은 저마다의 향기가 다른 것이다. 서로의 향기가 조화를 이루지 못하고 적대적이면 선하지 못한 마음으로 선하지 못한 세상을 만든다. 서로의 향기가 조화를 이루면 서로 화합하여 선한 마음으로 선한 세상을 만든다. 사람들은 동일하지 않다. 저마다 살아온 과정이 있기 때문에 같을 수가 없다. 모든 불평등은 자신이 과거에 지은 업으로 인해 생긴다. 불평등을 받아들이지 못하면 스스로 불행을 만든다. 불평등을 받아들이면 스스로 행복을 만든다.

364

누군가에게 정을 주는 것은 행복한 일이다. 그러나 이 행복이 불행의 시작이다. 세상의 일들은 모두 일어났다가 사라지기 때문에 영원하지 않다. 행복도 일어났다가 사라지는 한 때의 느낌이다. 누구나 행복이 사라지면 불행을 경험해야 한다. 모두 인연이 있어 만났지만 언젠가는 인연이 끝나기 마련이다. 만났다 헤어질 때는 정을 준만큼 괴로움을 겪는다. 그래서 좋아하는 것이 괴로움의 원인이 된다. 좋아할 때 괴로움이 있는 것을 함께 보아야 한다. 행복을 소유하려는 자신의 욕망이 행복을 파괴한다. 행복할 때 행복한 것을 알아차리지 못하면 욕망으로 움켜잡으려고 집착을 한다. 이 집착이 행복을 불행으로 바꾸는 요인이다.

365

아름다운 사람을 보았을 때는 계속해서 쳐다보지 말아야 한다. 어쩔 수 없이 보았다면 말을 걸지 말아야 한다. 말을 걸었다면 알아차려서 스스로 경계해야 한다. 그렇지 않으면 이성에 매료되어 감각적 욕망의 노예가 된다. 미운 사람이 있을 때는 계속해서 생각하지 말아야 한다. 어쩔 수 없이 생각했다면 말을 걸지 말아야 한다. 말을 걸었다면 알아차려서 스스로 미움을 키우지 말아야 한다. 그렇지 않으면 분노의 불길이 자신을 불태운다. 어느 때나 상대를 보지 말고 상대를 보는 내 마음을 알아차려야 한다. 상대를 보거나 생각하는 한 좋아하거나 미워할 수밖에 없다. 좋아하고 미워하는 것으로는 결코 완전한 행복을 얻지 못한다.

위빠사나문고 **옹달샘 5**

좋은 일은 저절로 오지 않는다

2014년 2월 10일 1판 1쇄 인쇄
2014년 2월 12일 1판 1쇄 발행

지은이 | 묘원
펴낸이 | 곽준
디자인 | (주)아이나래(02-2272-8458)

펴낸곳 | (주)도서출판 행복한 숲
등 록 | 2004년 2월 10일 제16-3243호
주 소 | 서울시 강남구 논현동 98-12 청호불교문화원 나동 306호
전 화 | 02-512-5255, 512-5258
팩 스 | 02-512-5856
이메일 | sukha5255@hanmail.net
카 페 | cafe.daum.net/vipassanacenter

ⓒ묘원, 2014

ISBN 978-89-93613-37-7
값 10,000원